KB174779

긍정으로
인생 물들이기

긍정으로
인생 물들이기

백종순 지음

이담
Books

이 문을 여는 순간 당신의 마음도 함께 열리길 기도합니다

누군가 지구는 '좌절의 별'이라고 명명하였습니다. 그러나 그렇게 믿고 싶지 않습니다. 지구는 긍정의 별입니다. 희망의 별입니다. 당신이 데릴라나 크산티페일지라도 지구는 긍정과 희망의 별입니다. 당신이 설령 지금까지는 크산티페이며 데릴라의 말과 생각, 행동을 했을지라도 지금 이 순간 마음을 고쳐먹고 인생의 각본을 다시 짤 수 있습니다. 습관이라는 것은 처음에는 보잘것없는 가느다란 선이지만 시간이 거듭해갈수록 굵은 밧줄이 되는 것입니다.

긍정이란 한마디로 장미꽃에서 가시가 아닌 꽃을 볼 줄 아는 능력입니다. 어떤 사람은 장미에서 가시에만 초점을 맞추는 시각에서 벗어나지 못합니다. 그런 시각은 부정적 감정을 촉발하여 제한된 행동을 하게 만듭니다. 장미에서 가시보다 꽃의 향기와 색을 볼 줄 아는 시각은 그 사람의 감정과 행동에도 영향을 미칩니다.

사건의 현상에서 본질을 보는 능력도 중요하지만 현상의 해석이 중요합니다. 긍정적인 자기만의 해석이 더 중요한 것입니다. 인생을 긍정하면 자신이 할 수 있는 일에 관심을 갖게 되고, 내가 통제당하는 것이 아니라 내가 통제할 수 있다는 자신감이 생깁니다. 처음에는 아주

미미한 변화를 가져오지만 이것이 누적되다 보면 외적 환경까지 변화시킬 수 있는 '나비효과'를 불러오게 됩니다.

긍정의 힘은 거대합니다. 교수로서 강의하면서, 긍정심리 강사로서 소년원에서 봉사하는 동안 학생들의 얼굴과 마음, 말에서 긍정의 힘을 찾아주는 것이 큰 기쁨이었습니다. 이 책은 어려운 환경과 조건 속에서도 삶에 대한 긍정을 찾고 싶은 분들에게 작은 '희망'을 주기 위해서 엮었습니다. 작고도 소중한 메시지를 통해 '삶 속에서 긍정 선택하기'가 내면화되어 뇌 속에 긍정의 길이 고속도로처럼 뚫리길 바랍니다. 긍정이 내면화되면 어렵게 긍정을 선택할 필요가 없습니다. 자동으로 긍정의 시냅스 간 연결이 강하고 빠르게 진행되기 때문입니다. 긍정필터를 형성하게 되는 것이지요. 마음의 창을 깨끗하고 밝은 색으로 끼우면 세상도 아름답게 보입니다.

자신을 긍정하면 자신의 장점, 잘하는 점, 할 수 있는 일에 초점을 맞추게 되어 장점을 극대화하고 모자라는 점은 보완하게 됩니다. 자신을 긍정하는 사람은 마음의 눈이 확장되어 타인도 긍정적인 시각으로 보게 됩니다. 또한 이런 긍정의 힘이 확대되면 가족과 이웃을 향하기 마련입니다. 근본적인 변화는 자기 자신의 변화입니다. 자신이 조금 변하더라도 환경에 미치는 영향은 거대합니다.

　이 책을 집필하기까지 도움을 주신 여러분께 감사드립니다. 제 삶에 긍정의 문을 열어주신 안범희 교수님, 한국학술정보(주)의 이주은 선생님 그리고 나의 가족들에게 감사드립니다. 또한 의미 있는 사진을 제공한 남편에게도 고마움을 전합니다.

2012년 2월 10일

백종순

목차

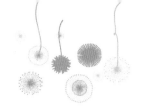

제4부 긍정 멘토들 / 139

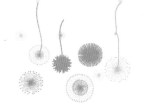

제1부

다양성 인정하기

긍정적 변화의 시작은 나부터
출발해야 부작용이 최소화된다

내가 젊고 자유로워서 상상력의 한계가 없을 때
나는 세상을 변화시키겠다는 꿈을 가졌었다.
좀 더 나이가 들고 지혜를 얻게 되었을 때
나는 세상이 변하지 않으리라는 것을 알았다.
그래서 내 시야를 약간 좁혀
내가 살고 있는 나라를 변화시키겠다고 결심했다.
그러나 그것 역시 불가능한 일이었다.
황혼 무렵의 나이가 되었을 때 나는 마지막 시도로,
나와 가장 가까운 내 가족을 변화시키겠다고 마음을 정했다.
그러나 아무것도 달라지지 않았다.
이제 죽음을 맞이하기 위해 자리에 누운 나는 문득 깨닫는다.
만약 내가 내 자신을 먼저 변화시켰더라면,
그것을 보고 내 가족이 변화되었을 것을
또한 그것에 용기를 내어 내 나라를 좀 더 좋은 곳으로
바꿀 수 있었을 것을
그리고 또 누가 아는가? 세상까지도 변화되었을지도…….

이 글은 영국의 어느 지하묘지의 묘비 글로 진정한 변화는 최초로
자기의 변화에서 시작되어야 한다고 메시지를 전하고 있다. 변질이

아닌 변화! 나이가 들수록 청국장처럼 세월의 상처에도 아름답게 발효되는 사람들을 보면 명품보다 귀한 이 세상의 가장 아름다운 작품이라고 느낀다. 진정한 변화는 권위나 벌, 외부적 조건이나 압력에 의해 형성되는 것이 아니다.

우리는 어리석어서 내 자신의 인지도식을 바꾸는 것보다는 타인을 나의 기존 가치관이나 도식 안에 넣으려는 경향이 있다. 피아제의 인지발달이론을 보면 동화를 통해 인간은 경험의 평형화를 이루려고 한다. 일상의 경험이 내 안의 도식과 같거나 비슷하여 그것을 아무 무리 없이 받아들이는 동화는 좀 더 편안하지만 상대방에게 맞추기 위해 나의 생각의 도식을 바꾸는 조절은 나의 변화이기에 진통이 따른다. 우리는 삶에서 새로운 사건을 대하면서 기존의 도식과 맞지 않으면 마음이 편안하지 않으며 갈등과 긴장을 유발한다. 이런 경우 인지의 부조화로 인해 불편하기 때문에 새로운 경험을 수용할 수 있도록 자신의 사고의 틀을 수정하여 적응을 시도하는데 이것이 바로 조절인 것이다.

각각의 사람들이 조절을 통해 사고의 틀이 확장되면 그런 확장된 인지가 서로 파동을 일으켜 사회를 긍정적으로 변화하게 만든다. 토마스 쿤이 말하는 '패러다임의 전환'은 조절의 의미와 상통하는 말이다. 자기 변화는 조절로 대표되며, 각각의 개인이 편견과 선입견을 제거하기 위해 생각의 틀을 확장시키면 우리 사회는 낡고 불편한 틀을 깨고 새롭고 아름다운 사회문화를 만들게 되지 않을까?

* 동화: 새로운 정보를 기존의 사고와 행동방식으로 통합하는 과정

* 조절: 새로운 자극에 스스로 기존의 도식을 바꾸거나 새로 만들어내는 인지구조의 변화

* 패러다임의 전환: 한 시대의 사람들의 견해나 사고를 근본적으로 규정하고 있는 인식체계의
  전환. 관점. 시각. 준거틀의 변화

프로크루스테스의 침대

그리스신화에 나오는 프로크루스테스의 침대 이야기는 편견과 아집에 빠진 개인이 타인과 사회에 얼마나 악한 일을 저지를 수 있는지에 대한 성찰을 하게 만든다. 프로크루스테스 침대 이야기를 정리하면 다음과 같다.

아테네로 가는 어느 이름 없는 길목, 이 길은 아테네에 가려면 꼭 지나가야만 하는 곳이었다. 그러나 악당 프로크루스테스가 이 길목을 접수하고 난 후에는 밤에 도저히 갈 수 없고 낮에만 그것도 여러 사람이 함께 가야 하는 공포의 길이 되었다. 악당 프로크루스테스는 어쩔 수 없이 밤길을 지나가야 하는 사람들을 마치 거미줄을 쳐놓고 먹이를 기다리는 거미처럼 도사리고 있다가 걸려든 나그네를 자신의 집에 반 강제로 데리고 가서 침대를 제공했는데, 그 침대는 딱딱하고 차가운 얼음 같은 쇠 침대였다. 나그네의 몸을 강제로 침대에 묶어 나그네의 신장이 침대보다 길면 긴 부분을 잘라서 죽이고 반대로 나그네의 몸이 작으면 신장을 늘려서 죽이곤 했다. 그 침대와 신장이 같은 나그네는 프로크루스테스로부터 목숨을 건질 수 있었다. 그렇지만 그런 일은 거의 드물게 일어났다. 이런 프로크루스테스의 악행은 아테네의 영웅 테세우스에게 알려진다. 테세우스는 프로크루스테스가 나그네들에게 하였던 방식으로 자신의 침대에서 죽게 만든다. 프로크루스테스는 자신이 세운 절대기준과 틀에 사람들을 맞추려고 하였고 그에 맞지 않는 사람들은 살 존재가치가 없다고 생각하였다.

사실 프로크루스테스는 필자와 당신이 될 수도 있다. 우리는 살아가면서 상대방에게 자신이 편견을 당하는 위치에 처하면 억울한 생각을 많이 한다. 그러나 반대 상황으로 자신이 편견을 전하는 위치에 처하면 개구리 올챙이 적 생각을 하지 못하고 예전에 자신이 당한 대로 행동하게 마련이다.

이것은 '변환자 되기'를 심각하게 생각해보아야 한다. 만일 자신이 각본을 다시 짜고 행동을 제대로 하지 않으면 반복되는 차별행동의 근원자로 돌아가고 말게 된다. 어떻게 하면 공정하게 행동할 수 있을까?

우선은 사람들을 내 생각의 잣대로 범주화하지 말자. 사람들을 과거의 행동으로 판단하고 분류하지 말자. 사람은 얼마든지 변화할 수 있는 긍정적인 가능성에 믿음을 갖자. 물론 그런 사람들이 아주 많은 것은 아니지만, 계속 성장하고 발전하고 있음을 신뢰하자. 사람들의 특성에 따라 분류하고 집단으로 나누게 되면 그 사람의 전체를 바라보기 보다는 부분만을 보는 우를 범하게 된다. 다음으로는 사람들과의 관계를 꼭 레드오션(경쟁관계)으로 구분하기 보다는 상생의 관계로 보자.

두 사람이 부족한 자원을 두고 경쟁에 의해 서로에 대해 부정적 평가를 하는 것이 아니라 문제해결을 위해 서로의 의견을 경청하고 원하는 것이 무엇인지 대화해보는 자세가 필요하다. 원하는 것이 꼭 물질에 있는 것이 아닐 수도 있다. 어떤 사람들은 물질보다 칭찬과 인정을 원할 수도 있다.

마지막으로는 다양성에 대해서 공감하고 인정하는 상호작용을 연습해보는 것이다. 나와 의견이 다른 타인도 인격을 가진 사람이고 각자의 생각의 수준과 단계의 차이가 있음을 인정해야 하는 것이다. 물론 경험과 지혜가 많은 사람이 조언을 줄 수 있으나 의견을 받아들이는 사람이 어느 정도의 수용능력이 있어야 가능하다. 받아들이지 못하는 사람의 심리적인 방어를 이해하고 어리석은 결정이라도 그 사람의 내적 결정권을 인정해야 한다. 나의 사고, 나의 결정, 나의 판단력이 다 옳다고 보는 것 또한 자기에 대한 '긍정 편향'이므로……

무지개가 아름다운 것은 각각의 색이 모여 조화가 되었기 때문이다. 샐러드와 비빔밥의 원리도 이와 같다. 각자의 개성이 어울려 조화롭게 새로운 것으로 태어난다.

생산적인 사람이 돼라

프롬은 성격을 유형화하였는데 정신분석학에 기초를 두고, 여기에 사회적 영향력을 플러스한 신프로이트학파의 학자이다. 프롬은 개인의 성격형성은 타인과 사회적 경험에 의해서 이루어진다고 하였다.

프롬은 개인의 성격을 5가지로 나누었다.

첫째는 수용적 성격으로 타인 및 외부로부터 지지를 기대하고 대부분 스펀지처럼 흡수하는 유형이다.

둘째는 착취적 성격으로 모든 타인이 착취의 대상이 되고 태도는 냉소주의, 적대감, 조종의 태도이다.

셋째는 시장적 성격으로 개인은 교환할 상품에 불과하고 성격은 팔 물건에 해당하므로 공허하고 불안하다.

넷째는 저축적 성격으로 취득하는 것은 안전이고 낭비는 불안요소이다. 사람에 대해서도 소유하는 것을 최대가치로 알고 미래에 대한 믿음이 없다.

다섯째는 생산적 성격으로 스스로의 힘을 사용하여 자신의 잠재력 속에 있는 가능성을 실현시킬 수 있는 능력이 있는 사람이다.

우리는 사회생활을 하면서 서로가 좋은 성격으로 상대방을 편안하게 대하길 바란다. 그러나 필자는 착취형을 만났을 때는 과감히 코드 뽑기를 하라고 충고한다. 오랜 세월 함께한 선배언니가 조언을 요청했다. 조언이란 것이 선배언니의 넋두리를 들어주는 것이다. 보나마나 남편 일로 인해서이다. 20년 가까이 선배언니는 남편의 일방적인 경제적 착취로 마음을 졸이고 산다. 대책 없이 써대는 남편, 그로 인해 선배언니는 여러 차례 빚보증에 시달리고 있고 생활비를 대고 있었다. 설상가상으로 의붓딸과 시어머니까지 모시고 사는 착하기만 한 선배언니……

오늘은 마음이 무척 상했는지 전화통화가 더 애절하기만 하다. 한 시간 가까이 조용히 들어주었다. 그러고서 지금껏 선배 언니가 참고 살았는데 더 참고 살 수 있으면 성인처럼 품어주고 한없는 사랑을 줄 수밖에는 없다고 했다. 다른 한 가지 방법은 더 이상 깨닫지 못하는 가족과 남편을 '코드 뽑기' 하는 것도 하나의 방법이라고 조언하였다.

물론 산 세월이 있으므로 헤어진 후 얼마동안은 힘들 것이다. 더 이상 선배언니의 인생을 낭비하는 것도 선배언니 자신에 대한 낭비 아닐까? 선배언니도 행복해질 권리가 있으니까…… 선배언니의 남편은 결혼생활 20년 가까이 언니에게 경제적으로 의지하고 남편으로서 경제적 의무를 다하지 않는다. 남편으로서 정서적인 따뜻한 지원도 없이 선배 언니는 의붓딸과 시어머니와의 관계도 어렵다. 글쎄 어떤 것이 답이 될 수 있을까? 선배언니는 착취적이고 가족이기주의에 빠져 있는 남편이 변화할 것이라는 기대 하나로 20년을 참고 살아왔다고 한다. 과연 참기만 한다고 문제가 사라질지 의문이다. 지금이라도 이성적인 판단을 하였으면 좋으련만 여전히 착한 여자 콤플렉스로 이러지도 저러지도 못하는 상황에서 방황하는 모습이 안타깝다. 수용적이고 착하기만 한 선배언니, 그것을 교묘히 조정하는 착취적인 선배 남편, 참으로 가까이 하기에는 너무나 먼 선배의 남편이다.

긍정의 파동을 사용하라

프란츠 브렌타노는 심리현상의 가장 뚜렷한 특징의 하나를 의도성이라고 하였다.

"개개의 심리현상에는 이런 특징이 있다. 즉, 중세의 스콜라철학자들이 의도적으로 비현존이라고 이름 붙였으며, 아주 딱 잘라서 분명하게 표현하지는 못하지만, 우리가 어떤 내용에 대한 관계라고, 어떤 객체를 향한 방향이라고, 혹은 고유한 상대성이라고 부를 수 있는 특징이 있다. 표상에서는 무언가가 나타나 보이고, 판단에서는 무언가가 인식되거나 아니면 거절되고, 사랑에서는 사랑받고 증오에서는 미움받고, 욕구에서는 요구되고 있다."

즉, 비현존하는 정신적인 것들도 주체와 객체가 있듯이 짝이 있다는 의미이다.

과연 인간의 마음은 인간의 마음에만 영향을 미치는 것일까? 물질에도 영향을 미치는 것일까? 아인슈타인 이전의 과학자들의 일반적인 견해와 주장은, '물질과 정신은 다르다'는 것이었다. 그러나 아인 슈타인의 양자역학을 통해 정신은 물질의 파동에 영향을 미치는 것으로 나타나고 있다. 아인슈타인은 이렇게 말했다.

"우리가 살고 있는 이 세상의 모든 물질을 쪼개고 쪼개다 보면 결국 하나의 진동하는 에너지파로서 서로 연결되어 있으며, 이는 관찰자가 기대하는 방향으로 움직인다."

즉, 마음이 가는 대로 물질은 변한다.

물질은 입자와 파동의 두 가지의 원리로 존재한다. 파동이 1초에 한 번 진동하는 것을 1HZ라고 한다. 진동수에 따라 장파, 중파, 단파, 초단파로 분류하는데 진동수를 초단파보다 높게 하면 눈으로 볼 수 있는 빛, 색, 냄새, 맛, 물질로 변화되어 간다. 이것은 모두 파동으로 되어 있다. 파동의 3가지 특징이 있는데, 그 하나는 '진동'이다. 다른 하나는 공명현상이다. 파동으로 전달된 정보는 보내는 물질과 받아들이는 물질이 있다는 것이다. 한국의 전래동요에는 메기기 부분과 받는 부분이 있는 것처럼 주고받게 되는 것이다. 보이지 않는 세계는 신비롭다. 법칙과 원리가 없는 것 같으나 분명하고도 확실한 원리가 존재하는 것이다. 우리가 호의나 선의는 말로 표현하지 않아도 알게 되는 것을 보거나, 내가 싫어하는 사람에게 전달되는 나의 마음이 있을 수 있다. 우리는 모두 파동의 발신자와 수신자들인 것이다.

세 번째 원리는 파동은 '닮은 꼴'이라는 것이다. 우리나라 속담에 '유유상종'이라는 말이 있는 것처럼 비슷한 물질끼리 끌어당기는 현상을 말하는 것이다.

스위스 과학자들이 흥미로운 실험을 하였는데 '공명의 법칙'을 증명하는 과학적인 사례가 있다. 과학자들은 로봇을 만들어 T자 모양의 룸을 10만 번 자동으로 움직이도록 하였다. 로봇은 가운데 통로를 중심으로 오른쪽 룸과 왼쪽 룸을 각각 평균의 확률상 5만 번씩 왔다 갔다 할 것이다. 무료하던 과학자들은 특이한 실험을 하였다. 오른쪽 방에 노란 병아리를 갖다놓았다. 부화된 병아리가 처음 본 로봇을 보고 제 어미로 각인하였다. 로봇이 오른쪽 방에 들어올 때마다 병아리들은 '삐악삐악' 하곤 했다. 그러자 기적이 일어났다. 로봇이 마치 병아리의 친엄마라도 되는 것처럼 어린 병아리가 있는 오른쪽 룸에 세 배나 더 오래 머물렀다는 이야기이다. 병아리들의 순수하고도 간절한 소리파동이 로봇에게 전해졌던 것이다. 움직이는 물체인 진동체들은 독특한 파동으로 서로를 끌어당기기도 하고 밀어내기도 한다. 이러한 작용을 '공명의 법칙'이라고 한다.

간절하고도 진실한 마음은 그런 타인의 마음과 통하고 진실하고도 간절한 소원은 물질의 입자와 파동에 영향을 미쳐 우리가 기대하는 방향대로 물질을 움직이게 만든다. 인간의 마음과 정신은 물질에 영향을 미치는 것이다.

* 아인슈타인의 양자역학: 우리가 살고 있는 이 세상의 모든 물질을 쪼개고 쪼개면 하나의 진동하는 에너지판로 연결되어 있으며, 이는 관찰자가 기대하는 방향으로 움직인다. 즉, 마음 가는 대로 우주만물은 움직이고 있다.

타인의 성격을
이해하는 궁정의 지혜

중국의 손자병법을 보면 나를 알고 적을 알면 백전백승, 나를 모르고 적을 알거나 나를 알고 적을 모르면 반 정도의 승률을 보이고, 나를 모르고 적을 모르면 백전백퇴라 하였다.

사회성 지수를 결정하는 대인관계에서 상대방의 출생순위와 가족 배경을 알고 있으면 그 사람의 코어 콤플렉스와 장점을 예측할 수 있다. 대인관계에서 상대방을 예측하면 심리적인 통제력도 가질 수 있는 이점이 있다.

가족자리란? 가족의 심리적인 면, 사회적인 면을 보여주는 용어로 가족의 성격, 정서적인 거리, 출생순위 등의 요소로 구성되어 있다. 가족자리는 개인의 성격발달에 영향을 미치는 주요요인이며 특히 출생순위가 중요하다. 출생순위에 따른 일반적인 성격특성을 대인관계에 참고하여 보면 많은 도움을 받을 것이다.

맏이는 부모의 전반적인 애정과 신뢰를 독차지하나 동생이 생기면

'폐위된 왕'의 처지가 된다. 이러한 변화는 열등감을 유발시킨다. 동생의 출생에 건강하게 대처하지 못하면 신경증적 행동을 하게 된다. 리더로서의 경험을 동생보다 더 많이 경험하며, 권위의 중요성을 동생보다 상대적으로 인식한다. 상실의 경험으로 동정심이 많고, 과거 지향적이며 지배형이 되기 쉽다.

둘째의 성격적인 특성은 '인생은 경쟁'이라는 핵심감정을 가지고 경주마의 운명을 가지고 산다. 그래서 둘째들은 달리는 꿈을 많이 꾼다고 한다. 둘째들은 강한 자에게 협력하는 태도를 발전시키거나 아니면 경쟁의 승리자가 되고자 하는 열망으로 혁명가가 되기도 한다.

막내아이는 과잉보호로 과도하게 의존적인 사람이 되곤 한다. 긍정적인 측면에서 다윗처럼 막내가 정상에 우뚝 서는 경우도 드물게 있다.

독자는 부모가 자녀를 잃어버릴까 봐 전전긍긍하는 모습이 눈에 띄게 되는데 이러한 태도는 자식에게 전해지기 마련이다. 이로 인해 자신의 중요성을 과장되게 인식하게 되어 소심하고 의존적이 되기 쉽다.

남편과 필자는 출생순위가 둘 다 맏이로 태어났다. 그래서 신혼 초 서로를 탐색하던 시기에 주도권 싸움을 많이 했던 것 같다. 그런 과정에서 이기는 싸움이 아닌 승자는 없는 싸움이 되어 심리적인 거리만 커지게 되었다. 남편의 전략은 회피하기의 극대화! 바로 말 안 하기 전략이다. 필자는 나 하나 조금 손해 보는 장사해서 가정과 남편의 마음을 편하게 해주자는 방법으로 맞받기 전략에서 져주기 전략으로 바뀌게 되었다. 주도권이라는 것이 큰 것이 아니라 무엇을 결정할 때 의견을 물어봐서 하는 것으로 결론이 났다.

결혼 전에는 남동생들에게 결정한 다음 통보하는 식이었지만, 남편도 동생들처럼 대해서는 옳지 않다는 것을 인식하게 되면서 의견을 물어보는 일은 자연스러운 일이 되었다. 필자가 혼자 결정하던 일을 남편과 의논하다 보니 더 좋은 해결방법이 나오기도 하였다. 남편은 맏이로서 권위적이고, 보수적인 면도 있지만 수직적인 사고만을 고집하지는 않는다. 정말 부부싸움에서는 잘못이 많은 자가 양보하는 것이 아니라 심리적으로 우위에 선 자가 양보하게 된다. 결론적으로 말하면 마음이 넓은 사람이 사과하게 된다. 필자는 아이 셋을 키우고 있다.

출생순위	성격특징
첫째	리더, 상실의 경험으로 독점적 경향, 과거지향적, 지배형 가능성 높음
둘째	경제적이며 협력적 태도, 혁명가
막내	의존적, 과잉보호의 가능성으로 마마보이
독자	소심, 의존적, 자신의 중요성을 과장

* 부부란? 맞지 않는 사람끼리 만나서 피 터지게 싸우면서 끝까지 가는 것이라고 누군가 유머를 날린다. 정말 맞는 말이다. 너무 잘 맞으면 하늘에서 하나를 데려간다나~(?).

남녀차이를 이해하는 긍정의 지혜

플라톤은 '누구를 사랑한다는 것은 그 사람 속에 있는 미와 선의 진수를 알아보는 것'이라고 하였다. 배우자를 사랑하는 것은 그 사람이 좋아하는 것에 관심을 가지고, 상대를 알아가는 과정을 통해 경험을 쌓고 존중하면서 상대방과 관계를 책임지는 것을 의미한다고 볼 수 있다.

사랑이란? 다른 기술들처럼 배워서 얻는 하나의 능력으로 사랑의 능력에는 개인차가 있어 그 능력을 배우지 못한 사람은 사랑을 잘할 수 없게 된다.

사랑해서 결혼한 사람들이 왜 갈등해결을 하지 못하고 파경을 맞고 종국에는 이혼을 하게 되는 것일까? 우리나라에 이혼은 들불처럼 번지고 있다. 하버드대학교의 페리 교수에 의하면 인간은 인지발달 단계를 크게 네 가지로 구분하고 있고, 성장한다고 보고 있다. 첫 단계는 흑백논리, 두 번째 단계는 다중적 단계, 세 번째 단계는 상대론적 단계, 마지막 단계는 가능성을 고려한 선택에 대한 책임을 지는 단계이다. 우리나라 부부들이 이혼할 수밖에 없는 이유는 문제해결의 방법으로 흑백논리를 선택하기 때문이다. 문제해결의 방법으로 이혼만이 능사가 아니라, 서로가 조금씩 양보하거나 배우고 알아가면서 성장해나가면 된다. 처음부터 배우자의 단점을 모르고 결혼했다기보다는 자신의 선택에 대한 책임감이 부족하기 때문이다.

물론 '인간의 뇌'가 성숙해지려면 27(서양적 관점 전두엽 성숙)~40세(동양적 관점, 불혹)까지 시간이 필요하기에 성숙한 어른이 되는 것은 그다지 쉬운 일은 아닐 것이다. 결혼생활이 힘들다고 느껴질 때 문제해결을 위한 방법은 한 가지만 있는 것이 아니라는 것을 받아들이면 이혼은 피할 수 있다. 그러나 결혼생활의 행복을 위해서는 적극적으로 자신의 선택에 대한 책임이 있어야 한다. 상대방이 자신을 행복하게 만들어주지 않는다고 '두두두' 댈 것이 아니라 자신이 배우자를 위해서 무엇을 해줄 수 있는지 발견해나갈 때 진정으로 행복할 수 있다.

대부분의 사람들은 사랑은 배우지 않아도 저절로 알아가는 것이라고 생각한다. 그러나 이해하고 학습하지 않으면 매번 똑같은 실수로 넘어진다. 성숙한 사랑을 하는 출발점은 남녀의 차이점을 알고 이해하는 과정이다. 아는 만큼 보인다. 아는 만큼 행복하고 아는 만큼 자유로운 선택이 가능하다. 더 나은 사랑을 만들어가기 위해 남녀차이를 인정하고 알아가자.

남자는 능력, 목표, 성공 등에 관심이 많고 이것을 통해 자신의 존재를 규명하려 하고 여성은 사랑과 조화, 협력, 관계지향을 통해 자신의 존재의미를 찾으려고 한다. 그래서 직장을 잃은 남편은 아내 앞에 기가 죽고 당당하지 못하다. 그런데 이런 남편을 향해 잔소리를 하게 되면 또 한 번 상처를 입는 것이다. 이럴 땐 따뜻한 위로의 말이 더욱 효과적이다. 아내는 남편에게 배려받고, 사랑받고 있다는 느낌을 좋아한다. 아내는 남편이 차 문을 열어줄 때, 차 안에서 벨트 매줄 때 남편이 자신을 사랑한다고 생각하게 된다. 사소한 일 같지만 아내의 감정계좌에 많은 돈을 예치한 효과가 있다.

남자는 대화할 때 정보교환이 중요하고 여성은 대화를 통해 관계를 업그레이드하길 바란다. 여성은 의미 없는 수다를 통해 스트레스를 해소하지만 남자는 취미생활을 통해 스트레스를 해소한다. 아내는 퇴근한 남편을 붙잡고 대화 비슷한 수다를 떨고 싶어 한다. 하지만 남편은 직장에서 이미 자신의 단어를 다 사용하고 난 뒤라 더 이상 말하고 싶지 않아 아내의 말을 회피하려고 한다. 이럴 때 지혜로운 아내는 자신의 입장만을 주장하지 않고 남편을 위한 정보를 가지고 대화를 한다. 그러면 남편의 뇌는 호기심을 가지고 새로운 정보를 탐색하기 시작한다. 자, 아내들이여 남편들의 취미인 골프나 낚시 정보를 제공하면서 대화해보자. 남편은 더 이상 아내를 회피하지 않을 것이다.

남성은 시각에 예민하고 여성은 청각에 예민하다. 남편의 마음을 사로잡고 싶다면 옷차림과 색채에 신경을 쓰라. 퇴근하는 남편을 맞이하는 아내는 최고로 화사한 옷으로 바꿔 입고 화장을 하라. 여성은 청각에 예민하다. 남편은 가끔 아내를 위해 바리톤 목소리로 시를 읽어주거나 노래를 불러주라.

여자는 말을 할 때 과장이 들어간 말을 사용한다. "당신은 매일 늦게 오는 거야?"라는 아내의 말에 남자는 '매일'이라는 말을 수학적 계산개념으로 받아들여 화를 내지만, 아내는 단지 화가 난 자신의 감정을 표현한 것이다.

남편은 아내의 말을 있는 그대로 받아들이기보다는 관계지향적인 아내가 남편의 관심과 사랑을 원하는 메시지로 받아들여야 한다. 대부분 아내는 사랑의 말 한마디나 부드러운 스킨십으로도 쉽게 화가 풀린다. 우리나라 아내들이 가장 감동받는 스킨십은 아내가 설거지할 때 남편이 아내 뒤에서 안아주는 것이라고 한다. 너무도 간단하지 않은가?

〈결혼 전의 환상과 결혼 후의 현실〉

그녀는 그가 자기주장이 매우 강한 남성이었기 때문에 결혼했다.
그녀는 그가 지나치게 권력을 휘두르는 남편이었기 때문에 이혼했다.
그는 그녀가 매우 부드럽고 섬세한 여성이었기 때문에 결혼했다.
그는 그녀가 매우 나약하고 무기력했기 때문에 이혼했다.
그녀는 그가 많은 돈을 벌어다 줄 것이라고 믿었기 때문에 결혼했다.
그녀는 그가 항상 일만 했기 때문에 이혼했다.
그는 그녀가 언제나 매력적이었기 때문에 결혼했다.
그는 그녀가 거울 앞에서 너무 많은 시간을 보냈기 때문에 이혼했다.
그녀는 그가 너무 낭만적이고 사교적이어서 결혼했다.
그녀는 그가 너무 즐기는 것만을 좋아하는 바람둥이였기 때문에 이혼했다.
그는 그녀가 아주 조용하고 순종적이어서 결혼했다.
그는 그녀가 너무 따분하고 지나치게 의존적이어서 이혼했다.
그녀는 그가 늘 분위기를 주도하는 사람이었기 때문에 결혼했다.
그녀는 그가 집에서는 전혀 도움이 되지 않는 사람이었기 때문에 이혼했다.
그는 그녀가 매우 사교적이고 이야기하기를 좋아해서 결혼했다.
그는 그녀가 너무나 사소한 일에 대해서도 의논해왔기 때문에 이혼했다.

출처: 21세기 가족문화연구소 편역(2002), 『행복한 결혼 건강한 가족』, p.81

대인관계를 잘하려면 미인대칭하고 윤리(Ethics)를 지켜라

대인관계라 하면 동반자인 부부와 자녀, 부모, 형제, 이웃, 동료 등 우리가 만나는 사람들과의 관계라 할 수 있다. 우리는 아프리카 오지에서 사는 원시종족이 아니며, 북극에 홀로 떠도는 얼음조각이 아니라 사회적 동물로서 우리가 만나는 사람들과 긍정적이고 성공적인 관계를 맺어야 한다. 긍정적인 대인관계를 위해 몇 가지 전략이 있다.

사람을 만나면 먼저 미인대칭해야 한다. 미소, 인사, 대화, 칭찬, 처음 보는 사람이든 아는 사람이든 우리는 미소를 짓고 악수를 청하며 인사를 꾸벅해야 한다. 인사를 할 때는 환하게 밝은 웃음으로 상대방보다 먼저 하는 것이 예의이다. 원시시대 우리 조상들은 사냥을 하며 살았고, 먼 거리의 부족사람들과 사냥감을 갖고 경쟁하기도 하였다. 그 당시 인사는 웃는 것이었고, 웃는 것은 '나는 당신의 적이 아닙니다. 나는 당신을 좋아합니다'라는 의미를 함축적으로 담고 있다.

우리는 인사를 하면서 타인의 존재를 느끼며, 동시에 사회적 관계를 공유하게 된다. 대인관계에 유능한 사람은 부끄러운 인사, 소심한 인사, 활기찬 인사, 형식적인 인사, 자신감 있는 인사를 분간한다. 인사를 통해서 말해야 할 것, 넘어가야 할 것, 알아둬야 할 것을 느낌으로 알아낸다. 인사하려고 눈이 마주치는 순간은 서로를 위해 존재하는 순간이다. 전적으로 둘만을 위한 시간이다. 만남은 사람과 사람사이에서 진정한 관계가 맺어지는 순간이다. 손이나 웃는 얼굴로 반응하면서 우리는 서로 함께한다. 미소는 마음을 열게 하는 도구이다. 눈이 마주치며 나누는 미소는 그 순간만큼은 서로를 위해 존재하게 한다.

또한 대인관계에서는 긍정심리를 발휘하여 사람 속에 들어 있는 칭찬요소를 발견하여 그 점을 확대 해석해주는 자세가 꼭 필요하다. 예를 들면 피부가 까매도 '넌 피부가 가무잡잡해서 매력적이야'라고 칭찬을 해주자. 칭찬은 반드시 부메랑이 되어 나에게 돌아온다.

대인관계에서 윤리(Ethics)란 영어의 공감, 말하기, 정직, 상호작용 원리, 비밀성, 지원의 영어 앞 스펠링을 조합한 약어이다. 부부관계나 우정을 유지하려면 공감할 줄 알아야 한다. 상대방이 생각하고 느끼는 것이 무엇인지, '역지사지'로 이해하려고 노력해야 한다. 또 말할 때는 권위로서 힘으로 누르려 하지 말고, 부드러운 설득이 더 효과적이다. 특히 우리나라의 가부장적인 남성들은 아내를 설득하기 보다는 권위로서 억누르려고 하는 경향이 있다. 논리적이고 이성적인 분별력을 가진 남성이라면 권위는 일시적인 효과는 있을지 모르나 생각하는 능력을 가진 여성이 장기적으로 억눌려 있기는 어려울 것을 인지해야 할 것이다. 또한 대인관계에서는 정직하고 상호 간에 일관성이 있고 믿음직스러워야 할 것이다. 그래야 서로의 비밀을 터놓고 이야기하며, 이야기한 후 뒤통수치지 않을까 걱정하지 않게 된다. 부부간에 지켜야 할 것 중에 하나가 바로 비밀성이다. 남편은 회사의 기밀 사항은 될 수 있으면 말하지 않는 것이 좋다. 아내는 들은 이야기를 입에 조약돌을 머금고 친한 친구에게도 말하지 말아야 한다. 그럼에 도 역사적으로 볼 때 베갯머리송사로 인한 부작용이 얼마나 많던가? 아무리 친한 사이라고 하더라도 비밀을 지키자. 그것이 서로를 신뢰 할 수 있는 중요한 열쇠이다. 그리고 상대방에 대한 지원이다. 지원에 는 경제적·정보적·정서적·물질적 지지가 있을 것이다. 남편에게 맛있는 음식을 해주고 보약을 지어주는 것도 좋지만 정신과 정서를 위해서는 무엇을 지지해주고 있는가?

남편은 인정과 칭찬에 굶주려 있다. 아내도 인정과 칭찬에 굶주려 있다. 제비와 꽃뱀은 인정과 칭찬의 전문가이다. 아내와 남편을 지키 려면 정신과 정서에 보약을 먹이자. 인정과 칭찬으로……. 오늘부터 바로 미인대칭과 윤리(Ethics)를 실행하고 실천하자.

성숙한 사람들의 특징

우리는 인생길을 걸어가는 순례자이다. 순례자의 태도로는 겸손과 배우는 자세를 지녀야 한다는 것이다. 우리의 외모는 어른이지만 정신적, 심리적으로 완전히 탈바꿈을 한 나비가 아니다. 우리는 아직도 미완성 상태이므로 좋은 학습자가 되어야만 인생이라는 거친 항해에서 살아남아 도착지에 도달할 수 있을 것이다. 몸만 어른인 내가 아는 한 사람은 자신을 완성된 형태로 간주해 배우려는 행동에서 멀리 벗어나 있다. 우리는 인생을 어떻게 살아야 할 것인가? 이것이 진정 나의 인생에 도움이 될 만한 행동과 태도인가를 숙고해야 한다.

진정한 어른이 된다는 것은 얼마나 어려운 일인가? 우리는 자신 안에서 또 자신을 통해서 성숙한 성인상을 찾으려 한다. 필자는 진정한 성인이라 함은 핑계 대지 아니하고 책임을 지는 사람이 진정한 어른이라고 생각한다. 대표적인 분이 바로 예수님이시다. 그분은 인류의 죄를 자신이 책임지려고 하였기에 십자가에서 돌아가셨다.

필자의 나이 이제 마흔이 넘었다. 과연 진정한 어른인가 반문해본다. 인생은 계속되는 '어떻게 살아야 할 것인가'에 대한 반복적인 질문이다.

인류를 위해 공헌한 우리의 멘토가 될 수 있는 사람들은 어떤 성숙한 태도를 지니고 있을까? 우리가 그것을 모방하고 실천한다면 우리의 삶도 그들을 닮아갈 것이다. 이런 사람들의 인간상을 기술하는 용어로 성숙한 인간, 건강한 인간, 생산적 인간, 자아실현적인 인간, 충분히 기능하는 인간으로 부르고 있다. 이런 사람들의 특징과 성향은 다음과 같다.

생산적인 사람은 확장된 자아감을 가지고 있다는 것으로 여러 가지 역할에 충실하고 스스로를 현상적인 세계에 집중시키는 사람이라는 것이다. 어떤 사람은 어머니 역할에만 올인하려고 직장에서도 자녀에게 시간마다 전화로 확인하는 경향이 있는데 그것은 자기와 자식을 하나의 자아로 인식하는 태도이다. 자녀가 자신의 독립된 개체성을 인정하고 판단할 수 있는 분별력을 길러 스스로 하게 도와주어야 한다.

두 번째 특징은 정서적으로 안정되어 있어 다양한 사람과 우호적 관계를 가질 수 있다. 생산적인 사람들은 자기 긍정과 타인 긍정으로 관계가 편안하고 즐겁기 때문에 타인의 복지와 행복을 위해 지지해줄 수 있는 것이다. 정서적으로 불안정한 사람들은 자신의 욕구에만 집중하는 경향이 있어 이기적이거나 자기중심적일 수밖에 없다. 그러나 정서적으로 안정된 사람들은 내적 자원이 충만하므로 자기의 욕구보다는 타인의 욕구에 민감하게 배려하려는 특징이 있다.

세 번째 특징으로는 완수할 과업을 가지며 이를 위해 헌신하는 성향이 있다. 생산적인 사람들은 끝도 없는 수다나 뒷담화로 시간을 쓰지 않고 자신의 일생을 통해 완성해야 할 과제를 가지고 있고, 즉 인생의 장기적인 목표가 있고 그것을 위해 잡다하고 사소한 일은 포기하고, 중요한 것을 위해 헌신하는 태도를 지니고 있다. 한 가지에 집중하고 몰입하는 힘이 비범과 평범으로 나눈다고 볼 수 있다.

당신은 평생을 통해 완수해야 할 과업이 있는가? 그것을 찾길 바란다. 그리고 그것에 매진하여야 한다.

생산적인 사람들의 네 번째 특징은 현실적인 지각을 하고, 자기를 객관화시킬 줄 아는 능력을 가지고 있다. 현실적인 지각을 한다는 것은 현실을 피하거나 과대 확장하지 않고 있는 그대로를 직시할 수 있다는 것이고, 이러한 상황에서 자기중심성이 아닌 여러 각도와 관점에서 자기를 바라볼 수 있는 것이다. 자기 문제와 평가에 대해 좀 더 '멀리 있기'가 가능한 것이다.

긍정적으로 타인과 세상을 보려면 편견과 선입견에서 벗어나자

첨단기술의 발달과 인터넷 보급으로 세계는 하나의 지구촌이 되어 가고 있다. 우리 사회는 외적으로 개방화되어 가고 있지만 과연 우리의 내면도 타인과 외부세계에 대해 열려 있을까? 대인관계에서도 개인차와 다양성을 존중해주어야 하건만 소외계층은 여전히 존재하고 있다. 우리가 자신의 마음을 조금만 인식하고 들여다보면 우리의 마음에 선입견과 고정관념으로 무장하고 있음을 발견한다. 고정관념은 차별행동을 유발하는 데 문제가 있다.

보통 고정관념과 선입견, 편견은 유사한 의미로 사용되기도 하는데 조금 차이가 있다. 고정관념은 사고에 해당되고 민족, 지방, 성에 대한 매우 단순화된 일반화를 말하며, 선입견은 사회적 편견에 의한 강화를 통해 실생활에서 편견으로 발달하는 것이며 생각과 감정을 말한다. 또한 편견은 다른 사람이나 집단에 대해 좋아하거나 싫어하는 평가적인 측면이 강한 것이다. 편견의 평가적 측면으로 발생할 수 있는 것이 바로 차별적인 태도이다.

편견은 공격적인 경향성을 가지기 쉬우므로 대인관계에서 특정집단이나 사람에 대해 편견을 가지고 있으면 나의 마음이 즉각적이고 직접적으로 그 대상에게 전달된다. 편견의 형성과정을 보면 인지적 접근에서 사람들이 정보를 효율적으로 처리하기 위해 범주화시키는데, 정보의 특성에 따라 집단을 나누다보면 그것으로 차별의식이 생긴다고 보는 것이다. 반면 심리적 측면에서는 부족한 자원을 가지고 집단끼리 갈등하고 경쟁하다 보니 상대에 대해 부정적인 평가를 하게 된다는 이론이다.

또한 테펠이라는 학자는 편견을 정체성 차원에서 접근하여 설명하는데, 인간의 마음은 사회적 계층비교를 통해 내 집단의 지위를 높이려고 하고 그것은 자아개념, 즉 자기정체성과 연결시키려는 특성이 있다고 하면서 자신을 자기가 속한 사회집단과 동일시하면서 자존심을 높이려고 한다. 즉, 편견은 자기 편의에 의해 자기가 속한 집단을 높이 평가하고 그렇지 않은 집단에 대해서는 그렇지 않은 판단을 가지는 것이라고 본다.

나는 편견을 가지고 사람을 대한 적은 없었던가? 편견이 발동되는 시점부터 긍정적인 의식은 활동할 공간을 잃게 된다. 필자는 편견에 의해 소외와 거절을 당한 경험이 있다. 필자는 20대에 편견에 의해 사랑하는 사람과 그 가족으로부터 실연과 거절을 경험했다. 인텔리 집안이라고 자부하던 그 가족은 필자의 경제적 배경과 부모님의 직업에 대해 편견을 가지고 능력과 미래까지도 부정적인 평가를 내렸던 것이다. 그 결과 실연의 상처를 얻게 되었지만, 그 상처도 삶의 경험으로 녹여 더 진실한 사람을 고르는 안목을 가질 수 있게 되었고,

무엇보다 사람을 평가할 때 그 사람의 배경보다는 그 사람의 능력이나 잠재력에 점수를 주려고 한다.

　필자는 우리 사회가 사람을 평가할 때 인종이나 피부색으로 평가하는 나라가 아니라, 그 사람의 능력이나 인격으로 평가하는 나라가 되길 바란다. 그렇게 되기 위해서는 우리 개인 편견의 벽을 스스로 허물 수 있어야 한다. 편견은 그 사람을 제대로 파악하지 못하게 만든다. 우리는 편견의 덫에 걸리지 않기 위해서 우리의 인지와 사고를 늘 깨어 있게 해야 한다.

　편견을 갖지 않으려면 자신의 경험과 역사, 가치에 대한 지식이 있어야 한다. 자신을 알고, 이해하고, 수용하는 만큼 타인에 대한 인식, 이해, 수용이 가능하기 때문이다. 자신의 가치만 중요한 것이 아니라 타인의 가치도 자신의 가치와 동일하게 중요함을 인식하는 관용의 정신이 있어야 한다. 타인의 경험과 가치가 낮은 수준이라 할지라도, 그 사람의 성장 가능성을 믿어주고 기다려주면 어떨까? 우리가 변화시킬 수 있는 것은 우리 자신뿐이므로 타인을 우리 수준으로 맞추라고 하면 그것은 강요가 되지 않을까?

긍정적인 의식 1-사랑에 대하여

인간의 의식은 17가지 의식으로 구성되어 있고 9가지는 긍정적인 의식이고 8가지는 부정적인 의식이다. 인간의 의식은 감정과 행동에 영향을 미치는 중요한 것이다. 생각이 우리의 인생을 만들기 때문이다. 그 사람 생각의 총합이 그 사람이다.

긍정적인 의식은 우리 생활에 에너지를 만들고, 부정적인 의식은 우리의 정신과 신체에 포스라는 억지 에너지를 만든다. 군대의 힘은 에너지가 아니고 포스이다. 긍정적인 의식이 우리 마음과 몸에 미치는 영향은 단적으로 오링테스트를 해보면 에너지를 손쉽게 측정해볼 수 있다. 사랑, 사랑 하고 30번 가량 외친 후 오링한 손가락을 펴려고 하면, 사랑의 의식이 우리의 근육에 힘을 주어 강해진 근육의 힘으로 인해 손가락 힘이 굉장히 세진 것을 알게 된다.

필자는 남편을 사랑한다. 20대의 뜨거운 열정적인 사랑이 아니라 뚝배기 같은 정으로 말이다. 남편을 사랑하겠다는 것은 스스로의 의지이고, 영혼의 결심이다. 성경에도 이런 말이 있잖은가? 원수를 사랑하라고…… 또한 믿지 않는 자들도 자기를 사랑하는 사람은 사랑한다고……. 그러나 믿는 사람은 자기의 원수를 사랑하며 자기를 박해 하는 자들 까지도 사랑하라고 한다.(마태복음 5장 44절)

사랑은 자신을 비추는 거울이라고 한다. 그래서 사랑의 빛깔과 형상은 자신의 모습을 닮는다. 그러므로 온전하고 성숙한 사랑을 위해서는 자신이 먼저 변화해야 한다. 대부분의 아내들은 남편과의 완전한 사랑을 꿈꾼다. 그러나 완전한 사랑을 경험하는 이들은 생각만큼 많지는 않다. 그 이유는 남편과 아내가 생각하는 사랑의 의미가 다르고 표현하는 방식도 다르며 주기보다는 받으려 하는 대가를 원하는 불완전한 방식으로 사랑하기 때문이다. 우리는 긍정적으로 온전히 살아가기 위해 노력하는 것처럼 사랑도 다분히 배워야 하는 것이다.

일찍이 에리히 프롬이 말하기를 사랑이란 목공기술이나 기계처럼 배워서 얻는 하나의 능력이라고 하였고, 사랑의 능력에는 개인차가 있어서 그 능력을 습득하지 못한 사람은 미숙한 사랑밖에 할 수 없다고 하였다. 우리는 한평생 사랑하면서 살기 원하지만 사랑이 무엇인지 잘 모르고 자신의 미숙한 사랑에 목말라하며 상대방을 원망만 하며 살아간다. 사랑에 대해 진지하게 공부해본 적이 있는가?

플라톤은 '누구를 사랑한다 함은 그 사람 속에 있는 미와 선의 진수를 알아보는 것'이라고 하였다. 남자들은 카사노바처럼 착각을 잘 한다. 카사노바는 진정한 사랑을 모르고 여자를 물건처럼 소유하려고만 한다. 존재 자체에 관심이 있는 것이 아니라 여성을 한낱 놀잇감으로 대하면서 그것을 사랑이라고 생각하는 것이다.

인간이란 근본적으로 고독한 존재라서 긴 인생을 살아가는 동안 공허함을 극복할 길은 오직 사랑하는 방법밖에 없다. 사랑한다 함은 그 대상에게 관심을 가지는 것이 그 출발점이고 알아가는 과정에서 이해하고 존경하고 그리고 상대방의 관계에 책임을 지는 것을 말한다. 그리고 사랑의 3요소는 바로 친밀감, 열정, 헌신이다. 친밀감은 두 사람이 서로에게 느끼는 정서적 일체감으로 두 사람이 가깝게 결합되어 있다는 특별한 감정의 체험인 것이다. 열정은 사랑하는 관계에서 나타나는 낭만적·육체적 측면의 뜨거운 감정을 말한다.

헌신은 사랑의 지성적 속성으로서 누구를 사랑하겠다는 약속이고 그 사랑을 계속 지키겠다는 책임감이다. 그렇기에 불륜에는 육체적인 열정은 있으나, 책임을 지겠다는 헌신은 없는 경우가 허다하다. 또한 열정은 없고 헌신만 있는 부부관계도 무의미하다. 부부는 서로를 열정, 헌신, 친밀감을 가지고 사랑해야 한다.

I am OK, You are OK

　교류분석 심리학자들은 개인이 타인과 상호작용하는 방식을 4가지로 분류하고 있다. 원만형은 자기와 타인을 모두 긍정하는 사람이고, 패배형은 자기는 부정하지만 타인은 긍정하는 사람이고, 염세허무형은 자기와 타인을 모두 부정하는 사람이고, 자아도취형은 자기는 긍정하지만 타인은 부정하는 형이다. 과연 자신이 어떤 유형에 속할까? 나는 어떤 유형에 속하는지 생각해보자.

　원만형은 자기와 타인에게서 장점과 가능성을 발견하는 사람으로 자신감이 있다. 얼굴 표정 또한 대부분 웃고 있으며 그들의 눈은 타인의 정서에 민감하다. 긍정적인 마음의 필터가 있어 다른 사람의 평가나 비난을 수용할 수 있는 넉넉함이 있다. 자신과 타인 세상을 긍정적으로 바라보기 때문에 주위 사람들과도 좋은 관계를 유지한다. 이들은 유머감각이 있어 창의적인 성과물도 많이 낸다.

　패배형은 자아에 대해 신뢰하지 못하고 자아존중감이 낮아 열등감에 시달린다. 얼굴 표정은 슬퍼 보이며 타인의 정서보다는 자신의 정서에 민감하다. 시험이나 타인의 평가에 민감하며 극도로 불안하고 걱정을 많이 한다. 남들에게 불쌍한 모습을 보여줌으로써 타인의 비판적인 판단을 방지하고, 타인이 기대를 갖지 않도록 방어적이다. 타인의 인정과 관심을 받으려고 자기주장을 하지 않고 순종적이다.

염세허무형은 아무도 믿지 못하고 항상 외롭다. 자신과 타인은 모두 존재가치와 의미가 없다고 생각한다. 이들은 자신, 타인, 세상일에 대해 의욕이 없으며 매사에 비관적이고 부정적이다. 얼굴 표정은 무표정하고 정서표현에 둔감하다. 모든 일에 자포자기한 상태로 세상과 타인을 원망하고 불신한다.

자아도취형은 자신은 신뢰하지만 타인은 믿을 수 없다고 생각하며 자신은 가치 있고 존재의미가 있지만 타인은 가치가 없고 존재의미가 없다는 생각이 지배적이다. 얼굴 표정은 교만한 눈으로 다른 사람은 내려다보는 특성이 있고, 냉소적인 웃음을 많이 보인다. 이런 사람은 이기적이고 자기중심적이고 주관적인 특성이 있다. 자아도취형은 외모나 능력이 뛰어나고 야심적인 경우가 많다. 자신을 과대평가하기 때문에 남의 평가나 비난은 무시하며 타인을 경멸하거나 능력을 깎아내리는 경우가 많다. 항상 자신이 중심인물이 되어야 하고, 이겨야 한다는 강박적인 신념으로 남이 잘되는 상황을 힘들어한다.

개인의 자아는 여러 관계 속에서 살아가고 성장한다. 한 개인의 역할은 여러 가지일 수 있다. 아버지이며, 남편이며, 직장에서는 한 관리자일 수도 있으며, 친구와의 우정을 나눌 수도 있다. 여러 관계 속의 상호작용에서 자신을 보는 시각의 색채가 밝은 색의 긍정인지 어두운색의 부정인지 타인에 대한 시각이 긍정인지 부정인지는 상호작용의 질을 좌우하는 주요요소이다. 원만형의 사람과 원만형이 만나서 교류하면 상호작용의 질이 높아지고 상생한다.

패배형과 패배형이 만나면 소경 둘이서 어두운 밤길을 걷는 것과 같이 생산성이 전혀 없다. 자신이 패배형과 염세허무형이라면 원만형을 만나서 에너지를 받아야 한다. 문제는 우리 주변엔 원만형이 그리 많지 않다는 것이다. 인격과 실력이 겸비된 원만형을 부모나 스승으로 모신 사람들은 참으로 하늘의 복을 타고 났다.

그렇지 못한 사람들은 박복한가? 그렇지 않다. 우리에게는 지금 자신의 처지를 바꾸려는 의지만 있다면 도처에 변화의 기회가 널려 있다. 지금까지 소극적인 삶을 살았다면 이제 적극적인 탐색과 만남으로 그 기회를 찾으면 된다. 쉽게는 책으로부터 시작하여 우리는 많은 원만형과 만날 수 있다. 그리고 수많은 무료강좌들(이것이 삶이 우리에게 주는 선물), 책과 스승의 만남이 소중한 것은 우리를 원만형으로 이끌어주기 때문이다.

유형	상호작용 특성
원만형	나도 너도 잘났다
패배형	나는 못났고 너는 가장 잘났다
염세허무형	나도 너도 제일 못났다
자아도취형	너는 못났고 내가 제일 잘났다

제2부

삶 속에서
낙관성 택하기

시간관리를 잘하는 사람이
마지막에 웃을 수 있다

　시간은 돈이나 다른 물질처럼 축적할 수 없고 재생할 수도 없는 특징이 있다. 누구도 시간을 되돌릴 수는 없다. 나는 시간의 주인인가? 시간의 노예인가? 내가 시간을 통제하는 주체인가? 아니면 나는 시간에 통제당하면서 사는가?

　그 사람이 누구인가 알 수 있는 단서가 있는데 그 사람이 시간을 어떻게 보내고 있는가에 대한 물음이다. 필자의 좌우명은 '오늘 내가 헛되이 보낸 시간은 어제 죽은 이가 그토록 원하던 내일이었다'이다.

　과연 얼마나 성실하게 오늘을 보냈는가 자문해본다. 40대에 들어서면서 시간의 중요성이 남다르게 다가온다.

　스티븐 코비는 이런 말을 했다.

　"중요한 것은 시간표를 짜는 것이 아니라 우선순위를 정하는 것이다."

　스티븐 코비의 시간관리 비법을 컨닝해서 자신의 것으로 정리해 보자.

여행 가방을 쌀 때 쑤셔 넣는 것보다는 차곡차곡 정리해서 넣다보면 물건이 많이 들어가게 된다. 참 하찮은 일 같지만 중요한 발견이다. 우리 인생의 시간도 마찬가지이다. 조직적으로 시간을 운영하면 삶은 더 풍성해질 수 있다. 가족들이나 친구들과 함께 시간을 가질 수도 있고, 내 생활에 여유도 생기고 내가 선택한 일에 몰입할 수도 있다.

모든 활동들은 긴급성과 중요성의 측면에서 선택된다. 중요한 일이란? 가장 소중하고 가치가 있다고 생각하는 일이다. 자신의 인생에서 우선순위가 높은 꿈의 실현에 도움이 되는 활동들을 의미한다. 긴급한 일이란? 급하고 목전에 놓인 일들을 말한다. 우리에게 주어진 24시간은 누구에게나 똑같다. 그러나 시간을 방콕이나 인터넷 서핑이나 하면서 무의미 하게 보낼 수도 있지만 효과적으로 시간을 의미 있게 구성해나갈 수도 있다. 그 선택은 자기 자신에게 달린 일이다. 우리의 시간관리를 4가지로 분류해보면 다음과 같다.

> 첫째, 중요하면서 긴급함을 요구하는 일로 예를 들면 위기, 급박한 문제들이나 오늘까지 내는 고지서나 숙제들이 있다.
> 둘째, 중요하지만 긴급하지 않을 일로 발표준비, 예방주사, 인간관계, 계획세우기, 독서, 휴식 등이 있다.
> 셋째, 중요하지 않지만 긴급해 보이는 일들로 중요하지 않은 전화, 쓸데없는 참견, 타인의 사소한 문제, 주변 사람들의 눈치 등이 있다.
> 넷째, 중요하지도 않고, 긴급하지도 않은 일로 하찮은 일, 끝없는 전화, 시간 낭비거리, 지나친 TV 보기 등이다.

우리가 원하는 성공적인 삶을 살기 위해서는 시간을 잘 활용해야 한다. 시간을 잘 활용하려면 첫 번째와 두 번째의 일에 내 시각을 고정해야 한다. 특히 중요하면서 긴급하지 않은 일의 시간활용은 우리의 잠재력을 폭발시킬 수 있는 에너지의 근원이다. 준비, 예방, 인간관계, 목표설정, 독서, 휴식, 운동으로 우리의 시간과 에너지를 집중해야 할 일들이다. 그리고 무엇보다 소중한 것을 먼저 하라. 소중한 일이 사소한 것에 방해를 받고 좌우된 적은 없었던가?

미래의 관점에서 현실을 보면 내가 오늘 목표에 도달하는 삶을 살았는지 아니면 목표와 멀어지는 행동을 하며 시간을 죽였는지 알 수 있다. 당장의 만족보다는 미래의 행복을 생각하며, 시간을 보내면 좀 더 나은 하루하루를 보낼 수 있다. 시간을 소중히 다루는 습관을 만들자. 습관이란 인식, 기량 그리고 욕구의 혼합체라고 볼 수 있다. 시간의 소중함을 인식하고, 자신의 꿈에 맞게 어떻게 해야 하는지 방법을 찾아 하고 싶어 하는 열정을 꼭 붙잡고 전진하는 것이다.

이탈리아의 역사학자 B. croce는 '시간의 화살은 미래로부터 와서 현재를 지나 과거속에 소멸된다' 는 말을 한바 있다. 우리가 갖는 일반적인 시간개념과는 다른 표현이다. 이 말이 함의하는 바는 우리의 시간설정은 미래지향적이어야 하며, 그 미래에의 조망을 통해서 현재와 과거가 해석되어야 한다는 의미를 지닌듯하다. <임성택. 안범희 심리학사 옮긴이 서문 중에서>

낙담케 하는 자를 멀리하라

보아전쟁(1899~1902) 중에 한 사람이 아주 특이한 죄명으로 유죄 판결을 받았다. 그의 죄 이름은 '낙담케 하는 자'라는 것이었다. 그는 동료들인 군인들 사이를 돌아다니면서 비관적인 말을 하였다.

"적이 얼마나 강한가?"

"왜 방어하기가 어려운 것인가?"

"이 도시는 결국 점령될 것이다."

이런 말을 떠벌리며 다녔다. 그는 칼을 사용하지 않았다. 그는 총을 사용하지 않았다. 그의 말을 들은 동료 병사들은 모두 의욕을 잃고 무기력한 군인이 되었다.

우리는 아침에 잠에서 깨어나자마자 의사소통을 하며 산다. 타인과 의사소통을 하기 전에 사람들은 바로 자기 자신과 의사소통을 한다. 자신과의 의사소통에서 긍정과 부정이 늘 우열을 가리는데 긍정이 이기면 그 하루가 행복할 것이요, 부정이 이기면 자신은 물론 타인과의 의사소통도 어렵기 마련이다. 부정적인 생각이 우리 마음을 점령하지 않게 하려면 어떻게 해야 할까? 우리는 최선의 삶을 살기 위해 우리의 마음을 관찰해야 한다. 마음과 생각에 따라 우리의 행동과 우리의 감정이 달라지기 때문이다. 우리 마음을 경계하여야 한다. 우리는 눈과 귀로 보고 듣는 것뿐만 아니라 무엇을 생각할지에 관해서도 신중할 필요가 있다. 우리의 마음을 비관에게 자리를 내어줄수록 부정적인 사람이 되어간다. 부정적인 생각에 빠질수록 비관적인 사람이 되고 그로 인해 비관적인 행동과 철학, 생활방식이 나타나게 된다. 우리는 자석처럼 자신의 생각이 있는 곳으로 끌려가게 된다. 항상 낙관적이고 기쁜 생각을 하면 낙관주의자가 되고, 주위 친구들도 낙관적인 사람들로 이루어지게 된다. 우리 생각은 우리의 감정과 행동에 그대로 투영되어 나타난다. 먼저 낙관적이고 긍정적인 생각을 품지 않으면 행복해지기 어렵다. 인생의 성공과 실패는 우리 마음에서 비롯되며 우리 생각이 어디에 머무느냐에 따라 그 사람의 미래가 달라진다.

　우리에게 낙담케 하는 비관주의자는 가까이에 포진하고 있다. 우리는 그런 사람에게 우리의 마음을 내어주어서는 안 된다. 예를 들어 비관적인 사람이 우리 마음에 비관적인 말을 던졌다고 해도 우리는 그 말을 마음속에서 말끔히 지워야 한다. 타인의 비관적인 말에 반응하고 묵상하고, 반추적인 사고를 통해 그 말을 소중히 가꿀 필요가 없는 것이다. 타인의 비관적인 말을 마음에 심고 물을 주고 햇빛을 쏘이게 하고, 비료를 주고 소중히 가꿀 필요가 없다는 것이다. 어떤 사람은 자신에 대한 비관적인 말은 뼈에 새기고 낙관적인 말은 물에 새기는 경향이 있다. 우리는 이와 반대로 비관적인 말은 물에 새기거나 '쉬익', '그래서 그게 뭐 어쨌다고' 하고 멀리 던져 보내야 한다. 즉, 그 비관의 씨앗을 뽑아내기로 결정해야 한다. 그 대신 낙관적이고 희망적인 말을 곱씹어 스펀지처럼 저장해야 한다.

우리 주위에는 부정적인 비관주의자들이 득실대므로 그들에게 전염되지 않도록 우리의 생각을 철저히 방어해야 한다. 내적인 의사소통에서 비관이 승리하면 우리의 모든 관계는 이기적·자기중심적·주관적 경향으로 흐르기 때문에 많은 문제가 발생하게 된다.

인생은 궁극적으로 선택이다. 인생은 태어남과 죽음 사이에 선택이다. 무엇을 선택하느냐에 따라 우리 인생은 달라진다. 우리는 의식적이고 꾸준한 노력으로 낙관주의자가 되기를 선택해야 한다. 그 사람 생각의 총합이 그 사람 인생이므로 우리는 생각의 결단을 낙관으로 결론지어야 할 것이다.

긍정적인 사람은 셔터문이 아니라 회전문을 소유한다

　성종과 선조의 대조적 인품에 대한 흥미로운 일화가 있다. 사육신의 한 명이었던 성삼문은 세조 시기에는 역적으로 간주해 멸문지화를 당했지만, 사림이 정치의 전면에 등장하면서 절개와 의리가 중요시되자 재평가되기 시작했다. 성종 때에 김종직이 용감하게 성삼문은 충신이라고 말하고, 또다시 정난이 생기면 자신은 성삼문처럼 하겠노라고 자신의 의견을 피력했다. 성종의 입장에서 보면 자신의 할아버지를 비난한 것인데도 이를 묵인한 것으로 보아 성군으로서 성종의 인물됨을 알 수 있는 대목이다. 이것은 선조 때 한 관리가 성삼문의 충절을 논하자 선조가 격노했던 것과 좋은 대조를 이룬다. 어떻게 하면 성종 같은 회전문을 소유할 수 있을까?

　중국고사 중에 '지록위마'라는 말이 있다. 환관 여불위가 정권을 장악하고 정치를 주무르던 어느 날 임금을 모시고 사냥을 나가 여불위가 사슴을 지적하며 말이라고 우겼다. 여불위의 말을 듣고 모든 대신들이

이를 맞는다고 맞장구를 쳤다는 것이다. 무엇이든지 할 수 있는 권력을 가진 여불위의 눈 밖에 날까 봐 대신들은 거짓말을 한 것이다.

사람들은 옳은 이야기 듣는 것을 즐겨하지 않는다. 사람들은 자신의 치부를 드러내면 돌아앉는다. 자신에게 약이 되는 '쓴소리'를 들어줄 수 있는 아량과 넓은 마음의 소유자가 되기는 어렵다. '쓴소리'를 듣는 것이 심장을 칼로 도려내는 것처럼 아플 때도 있다. 그러나 '쓴소리'를 받아들이고, 나의 부족한 면을 받아들일 수 있다면 나는 성장하고 진보된 인생을 살 수 있다. 실수나 단점을 지적해주는 친구나 선배가 옆에 있다는 것은 정말 행운이다. 이러한 소중한 사람이 없다면 우리는 아무리 똑똑하더라도 심리학에서 말하는 '블라인드 스팟'에 빠지기 쉽다. 응집력이 강하고 지시적인 지도자가 있으면, 의사결정과정에서 지도자와 다른 의견 내놓기를 꺼려한다. 미움을 받을까 두려운 것이다.

그 예로서 케네디정권이 주도한 '피그만 침공사건'을 들 수 있다. 1960년에 쿠바에는 공산혁명을 주도한 피델 카스트로는 집권하면서 피델 전 정권의 친미적인 정책에서 반미정책으로 전환하였다. 미국은 피델을 눈엣가시로 여기게 되었고 미국의 케네디는 이런 상황에서 피델 카스트로를 전복시키기 위해 쿠바 망명인들로 구성된 침공군을 쿠바 피그만에 상륙시키는 작전을 실행에 옮겼다. 침공은 쿠바 내의 반카스트로 게릴라의 호응을 받으리란 예상이 빗나가고 완전히 실패하여 3,000명의 침공군은 현장에서 사살되어 버리거나 생포되었다. 실패 원인은 계획의 무모함 때문이었다. 침공군의 침공지점과 재집결지인 에스 캄프리 산악 사이에는 300리의 긴 늪지대가 있었고 계획 시 지도에도 없었던 것이었다. 케네디 대통령에게는 훌륭한 자문위원들과 보좌관이 있었지만 아무도 피그만 침공에 대한 반대의견을 내지 않았다. 미움을 받고 싶지 않았기 때문이었다. 리더의 오류와 오판은 사회와 국가에 미치는 파장이 크다.

사각지대(Blind spot)란? 분명히 물체가 있는데도 볼 수 없는 좁은 영역으로 인간심리의 사각지대를 말한다. 맹점으로 인간은 치명적인 오류나 편견, 실수를 하게 된다. 똑똑한 리더가 저지르는 터무니없는 실수는 개인뿐만 아니라 사회나 국가에도 심각한 위기를 불러올 수 있다. 맹점을 극복하기 위해서는 나쁜 행동을 고칠 수 있는 따끔한 충고를 받아들이는 회전문을 소유해야 한다. 그리고 비판과 격려를 적절히 활용하는 지혜를 가져야 하지 않을까?

긍정여행에 필요한 네 가지
-두레박, 사다리, 망원경, 만화경

우리는 감정의 동물로 하루에도 몇 번씩 부정적인 감정과 만난다. 이럴 때 나무꾼이 탔던 두레박을 타고 나의 부정적인 정서를 긍정적인 정서로 끌어올려야 한다. 내 감정의 주인은 자기 자신이다. 행복은 기분 좋음이다. 지금 당장 마법의 버튼을 누르라.

두 번째로 긍정여행에 필요한 것은 사다리이다. 긍정여행은 야곱의 꿈에 나타난 신비한 사다리 같다. 그 밑은 부정적인 지상에 놓여 있고, 그 꼭대기는 긍정여행의 끝으로 높은 하늘의 흐릿한 광채 속으로 사라진다. 전설시대부터 긍정여행의 열쇠를 쥐고 있던 성공한 위인들은 이 성스런 사다리를 오르락내리락하며 긍정이 주는 천상의 힘을 부정적인 지상에 전해준 천사와도 같았다.

긍정여행에서 세 번째 필요한 것은 망원경이다. 망원경은 멀리 보게 해준다. 우리가 상대방의 실수나 흠을 현미경을 보고 탐색할 필요는 없다. 부정적인 사람들의 특징은 망원경으로 볼 것은 현미경으로 보고 현미경으로 보아야 할 것은 망원경으로 본다. 타인의 실수에 시선을 고정하다 보면 괜히 화가 나고 분노가 치민다. 그 사람의 장점과 공헌 점을 현미경으로 보고 실수나 흠은 멀리 볼 수 있는 망원경을 사용하여 보자. 멀리 보면 실수를 통해서 교훈을 배울 것이다. 넘어진 자만이 다시 일어설 수 있다.

"타인의 실수는 물에 새기고 타인의 은혜는 뼈에 새기라."

이 말은 뇌의 구조를 바꾸어 행복필터로 가는 좋은 말이다. 타인의 실수나 흠은 빨리 잊어버릴수록 좋다. 그리고 다시 시도할 수 있는 기회를 주라.

긍정여행에서 준비해야 할 네 번째 도구는 만화경이다. 텔레비전이 없던 어린 시절에 필자의 친구가 되어주었던 만화경! 몇 가지 안 되는 신기한 그림을 몇 번이고 보면서 상상의 나래를 폈던 행복한 기억이 있다. 우리 마음속에 근원적인 체험이 있는 낙원은 뇌 속의 A10 영역에 긍정적인 자극을 준다.

필자는 삭막한 디지털시대를 살고 있지만, 아날로그적 근원적 체험이 많이 있다. 즉, 마음속 상상의 안전기지를 가지고 있다. 현실의 스트레스를 완충해줄 수 있는 마음의 쿠션 매트리스를 가지고 있다. 창문을 열고 눈을 감으면 그곳의 냄새, 그곳의 환경, 목소리를 체감각으로 불러올 수 있는 것이다. 당신이 현실적인 스트레스에서 벗어날 마음속의 근원적인 체험을 통해 리소스풀한 자원을 꺼내 써라.

영화 <고지전>에서 군인들이 싸우기 전에는 자신의 안전함을 위해 작은 방호를 파지 않던가? 당신에게도 안전기지가 필요하다. 스트레스 사건이 있을 때 이미지화할 수 있는 자신만의 안전기지로 순간 이동하라. 거기서 영원히 도피하라는 말이 아니라 힘을 재충전하여 다시 싸우고 살아낼 에너지와 열정을 준비하고 나오라는 것이다.

당신은 어린 시절 만화경 같은 근원적인 체험이 몇 개나 되는가? 필자에게는 부모님과 함께한 시골생활에서 근원적인 체험이 많다. 힘들 때마다 그것을 꺼내본다. 자신만을 위해 살았다면 실패했을 때 오뚝이처럼 일어나지 못했으리라. 그때마다 필자를 지켜보시던 부모님의 시선과 필자를 위해 최선을 다해 사시던 부모님을 생각하면 못할 일이 없다고 결심한다. 한번 태어났으니 한번은 꽃처럼 아름답게 피어나야만 한다. 왜냐하면 나의 인생이고 우리의 인생이니까……

살다 보면 세상은 나를 망가져라, 망가져라 부채질하며 부정적으로 흐르게 할 때가 많다. 그럴 때마다 우리는 긍정여행에 4가지 도구를 가지고 떠나야 한다.

4가지 도구는 바로 두레박, 사다리, 망원경, 만화경이다.

긍정적인 사람은 궁극적으로 선과 지혜를 추구한다

2300년 전 아리스토텔레스는 '인간은 세상 무엇보다도 행복을 더 추구한다'고 말했다. 그에 의하면 행복을 추구하는 삶의 형태로는 세 가지로 분류할 수 있다.

우선 행복해지기 위해 쾌락을 추구하는 삶이다. 둘째는 행복해지 기 위해 명예와 사회적인 평판을 추구하는 삶이다. 그리고 마지막은 행복해지기 위해 선과 지혜를 추구하는 삶이다.

쾌락을 추구한다 함은 본능에 충실한 삶으로 먹고 마시거나 섹스 하는 것처럼 감각적이고 즉각적인 만족을 구하는 활동들이 쾌락적인 삶이라고 할 수 있다. 속히 가는 주말 오후의 시간처럼 쾌락은 늘 타 는 목마름만을 준다. 찰나의 휴식처럼 우리를 갈증 나게 하는 것은 없다. 쾌락도 이와 같다.

명예와 타인으로부터 좋은 평판을 얻기 위해 타인의 시선을 늘 인 식하는 범위 안에서는 인간적인 노력을 하며 살아가는 사람들이 있기 때문에 그나마 사회는 안정적으로 흘러가기도 한다. 동기화된 소수의 젊은이들은 질주하듯 명예와 타인으로부터 좋은 평판을 얻기 위해 때로는 자신의 가장 소중한 것마저도 명예의 제단 앞에 서슴없이 재물로 바칠 각오가 되어 있다. 계산된 삶에서 오는 숨 막힘이 자신의 목을 옥죄어 오는 것을 깨닫는 순간, 인간으로서 의미 있는 삶으로 문을 열게 된다. 진정으로 무엇이 중요한지 깨닫게 된다. 부디 그런 날이 일찍 오면 좋으련만…… 처절하게 모두 잃고 난 후에 인간은 깨닫게 될지도 모른다.

선과 지혜를 추구하는 삶, 과연 어떤 삶일까? 그 근처만이라도 가면 좋으련만…… 아직도 부끄럽기만 하다. 이루어놓은 것은 없고 나이만 먹어가는 듯해 마음을 다잡는다.

'선'하면 선한 사마리아인이 떠오른다. 랍비였던 바리새인, 경건했던 유대인, 이스라엘의 혼혈이라고 왕따를 당하던 사마리아인, 이렇게 차례대로 '강도 만난 사람'을 만난다. 바리새인과 유대인은 자신의 안위만 생각하며 강도 만난 사람을 피해간다. 그러나 동족에게 무시만 당하던 사마리아인은 강도 만난 사람을 자기 나귀에 태우고 가 여관에 유하게 해주고 자신의 장사밑천인 소중한 돈을 치료비로 내준다. 선한 사마리아인의 삶이 선한 것이다. 이웃사랑의 지극한 실천이다. 이 이야기를 대할 때마다 숙연해지고 뭉클해진다.

선한 사마리아인 이야기와 비슷한 사례가 있다. 중국 당나라 시대의 선한 삶을 살았던 '송청'이라는 사람의 이야기 이다. 그의 직업은 약사였다. 약을 조제하는 데 뛰어난 능력이 있어 그의 약을 먹은 사람들은 그를 최고의 약사로 인정하였다. 송청은 가난한 사람들에게는 외상으로 약을 지어주곤 하였다. 연말이면 외상장부가 수십 권에 이르렀지만, 한 번도 약값을 독촉하지 않고 오히려 외상장부를 태워버렸다. 그리고 송청은 의아해하는 사람들에게 이렇게 말했다.

"약장사를 하는 40년 동안 수백 권의 외상장부를 태웠지만, 크게 손해 본 적은 없다. 약값을 갚지 않은 사람도 많았지만, 나중에 잘살거나 출세하여 약값보다 훨씬 많은 것을 주는 이도 있었기 때문이다. 선을 베푸는 일이 항상 손해만 보는 것은 아니다."

참으로 선을 실천한 인물 송청의 행동이 우리에게 주는 의미는 크다.

지혜사랑이란 무엇인가? 제우스의 사랑스런 딸이 태어나던 날 밤, 풍요의 신과 빈곤의 신 사이에서 에로스가 탄생했다. 에로스는 중간자로서 태어난 것이다. 디오티마는 소크라테스에게 말했다. 에로스가 아름답지 못하다고 해서 추한 존재가 아니듯, 지혜롭지 못하다고 해서 무지한 존재도 아닌 것이다. 오히려 에로스는 아름다움과 추함 사이에서 아름다움을 추구하고 '지혜'와 '무지' 사이에서 '지혜의 사랑'을 추구하는 존재이다. 무엇을 사랑한다 함은 자신에게 결핍된 것을 채우려는 욕구에서 비롯된다.

육신의 아름다움에서 마음의 아름다움으로, 마음의 아름다움에서 제도적 아름다움으로, 제도적 아름다움에서 진리의 아름다움으로 이어지는 것이다. 오직 중간자이면서 자신의 부족함을 아는 자만이 지혜를 추구하고 열망하게 된다. 그래서 자기 자신을 아는 것은 큰 힘이다.

세상에는 앎에 관한 4가지 부류가 있다. 자신이 모르고 있다는 것을 모르는 자는 잠자고 있는 무지한 자로서 알고자 하는 열망도 없다. 자신이 모르고 있다는 것을 알고 있는 자는 단순하기 때문에 가르침에 대해 흡수를 잘한다. 자신이 알고 있다는 것을 모르는 자는 게으른 자이다. 이들은 많은 것을 알고 있어도 자신만 알고 있으며 타인을 위해 나서지 않는다. 자신이 알고 있다는 것을 아는 사람은 훌륭한 사람으로 이들은 가르치고 나누는 것을 즐겨한다. 그들의 눈과 마음은 늘 열려 있고 늘 누군가를 이끌어주려고 한다. 나는 어떤 사람일까?

유형	특징
자신이 모르고 있다는 것을 모르는 사람	지혜에 대한 열망이 없음
자신이 모르고 있다는 것을 아는 사람	지혜에 대한 열망이 있어 수용적임
자신이 알고 있다는 것을 모르는 자	지혜를 자신만 소유함
자신이 알고 있다는 것을 아는 자	지혜를 소유하고 타인과 나누는 사람

초긍정의 아버지

　요즘 성공한 사람들의 특징이 무엇일까에 대한 고민을 많이 하게 된다. 성공한 자와 실패하는 자들에게는 다른 특성이 존재하는가? 성공한 사람들은 대부분 인생에 원칙을 세워놓고, 그 원칙에 따라 삶을 살아가고 있다.

　성공한 사람들은 인생의 성공법칙 4가지를 자신의 삶에 적용한다. 첫 번째는 인생에 목표를 세워놓는다. 두 번째는 목표에 맞는 행동을 한다. 세 번째는 나의 행동이 목표에 도달하는 행동인가, 목표와 멀어지는 행동인가 철저한 자기 감식능력을 활용한다. 네 번째는 목표에 도달하기 위해 잘못된 전략을 상황에 맞게 수정하는 유연성을 가지고 있다.

　조선말 위대한 학자였던 정약용은 철저한 긍정주의자였다. 자신이 할 수 없는 일에 고민하기 보다는 할 수 있는 일에 집중한 분이었다. 신유박해로 인해 자신의 형은 극형에 처해지고, 자신은 전라도 강진으로 유배를 가게 되었다. 그는 여기서 자신의 현실을 한탄하고 원망하는 데 허비하지 않았다. 게으르고 나태해지려는 자신을 경계하고 자신을 세워 정신적 성과물인 많은 책을 쓰게 된다. 정약용은 자신의 절망적인 상황에서 자신의 내면에 무기력, 무질서, 나태, 방관, 슬픔이 들어오지 못하게 하고 대신 긍정적인 에너지인 원칙, 질서, 노력, 성공의 긍정적인 생각으로 긍정적인 태도와 행동, 자아상을 가지고 꾸준히 자신을 만들어나갔다. 우리의 생각과 감정, 행동은 하나의 연결고리로 구조화되어 있다. 그래서 즐거운 생각을 하면 신나는 감정이 유발되고 산출물인 행동은 진취적인 행동이 나온다. 정약용은 긍정적인 생각과 긍정적인 감정으로 좋아하는 학문에 정진할 수 있었다.

우리의 생활 속의 문제는 우리의 신체뿐 아니라 마음에도 영향을 미친다. 생활에서 만나는 사건에 마음을 빼앗기면 일에 집중이 안 되고 일의 능률이 오르지 않을 때도 있다. 우리는 무엇을 보는가? 부정적인 생각에 빠져 문제점만 바라보고 있지 않은가? 이제 사고의 전환으로 새로운 발상을 해보자. 그동안의 부정적인 관점을 버리고 긍정의 관점으로 바꿔보자. 아무리 불리한 상황이라도 긍정적인 면은 있지 않은가?

긍정적인 마음의 눈은 통찰할 수 있어 현재 상황에서 밝은 미래를 볼 수 있다. 사막에서 정원을 볼 수 있는 힘, 알 속의 독수리, 이기적인 인간 속의 성스러움, 실패 속의 성공을 바라볼 수 있는 힘이다. 새의 눈을 가진 자는 흥하고, 벌레의 눈을 가진 자는 망한다는 속담처럼 우리는 당장에 문제와 흠, 티를 바라보는 것이 아니라 긴 안목을 가지고 조망적 관점에 서야 한다.

문제상황에 빠지면 우리는 터널 비전에 빠지기 쉽다. 정서적으로

흥분하게 되면 인지적 결함이 나타난다. 주의집중이 잘 안되거나 자기 파괴적이 되어 자기 학대적인 말과 행동이 나오게 된다. 그래서 나무는 볼 수 있지만 전체적인 숲은 볼 수 없는 한정적인 사고를 하게 된다. 터널 안에 들어갔을 때 볼 수 있는 범위가 한정되는 것처럼 장기적이고 계획적인 사고가 어려워져 반사적이며 충동적인 행동을 하게 된다.

문제에 빠져 있을 때는 과거에 익숙했던 비합리적인 방법에서 답을 찾기보다는 새로운 문제해결 방법을 찾는 것이 중요하다.

인간에 대한 연민의 정서는
배려를 낳는다

나이가 들어서도 책을 손에서 놓지 않으며, 책의 좋은 명언이나 말들을 가슴으로 받으려 애쓴다. 나이가 들어가면서 내적으로 성숙해지지 않으면 인간의 불행이나 괴로움 앞에 무력하다. 행복해지기 위해, 선택을 잘하기 위해 우리는 늘 배움의 연속선에 서야만 하리라.

배움의 목적은 무엇일까? 수단적인 가치 중에서도 사회와 국가에 기여하는 배움의 가치는 어떤 모양이라야 할까? 좀 더 많이 알고 있는 사람의 행동은 어떠한 모습이어야 할까? 필자는 그 답을 관용정신의 실천으로 삼고 싶다. 배운 사람이라면 타인을 많이 배려하고 관용의 정신으로 대해야 한다. 인종, 종교 그리고 가치의 문제에 대해서도 말이다.

이 시대에는 알되 머리로만 아픈 지식인들이 많이 있다. 가슴으로 느끼고 손과 발이 움직이는 참지성인이 되었으면 한다. 백 가지를 알고도 한 가지를 실천하지 못한다면, 그것은 진정으로 아는 것이 아닐

진대, 한 가지를 알더라도 혹은 더디게 알지라도 진정한 실천이 수반되어야 하리라. 가슴으로 느껴야 우리는 진정한 실천을 할 수 있다.

촉촉한 가슴과 민감한 양심을 유지하기 위해, 또한 참을 수 없는 인간에 대한 연민으로 우리는 늘 깨어 있어야 한다. 절에 있는 눈 뜬 붕어처럼……. 사회생활에서 상호작용은 필연적으로 갈등을 유발한다. 갈등을 어떻게 처리할 것인가? 부적사건을 분노로 처리하는 사람과 슬픔으로 처리하는 사람, 두 유형이 있다.

슬픔은 순수하게 부정적인 정서는 아니고 즐거움이나 자랑스러움도 함축하며, 인간을 겸손하고 깊이 있게 만드는 정서로 여러 문화권에서 존중되고 있다. 슬픔의 가치를 존중하는 문화의 예를 소개한다. 인류학자 루츠의 보고에 따르면 남태평양에 사는 이파누크족은 '파고'라고 불리는 독특한 정서를 매우 존중한다고 한다. 파고는 연민, 사랑, 슬픔에 혼합된 정서로서 다른 사람의 고통에 접했을 때 느끼는 정서이며, 관대함 및 성숙함과 관련된다고 한다. 파고를 느낄 수 있는 능력은 힘을 의미하며, 파고를 보이는 것은 좋은 사람임을 드러내는 것이라고 한다. 17~18세기 영국과 미국에서는 어려움에 직면했을 때의 슬픔을 인내, 지혜, 겸손과 연결하고 슬픔을 가치 있는 정서로 간주하였다. 많은 아시아 사회에서 슬픔은 구원의 길로 향하는 것과 관련된 것으로 간주되었고, 이란이나 스리랑카에서는 슬픔을 느끼는 능력을 사람됨의 깊이와 관련시켰다.

분노의 가치를 존중하는 문화를 살펴보면 필리핀의 일롱고트족은 마음이 무겁게 느껴지거나, 비탄에 빠지거나 우울하면 머리사냥을 통해 치유하는 풍습을 지니고 있다고 한다. 한편 뉴기니아의 원주민들은 상실과 같은 사건에 대해 슬퍼하는 대신 분노를 표현한다. 이들에게는 수동적 슬픔에 대한 단어가 존재하지 않는다고 한다.

우리 전통사회가 슬픔의 문화와 수동성의 문화였다면 현대사회는 분노와 공격성의 문화로 이행하고 있다. 현대사회의 공격적인 문화가 개인의 발전 동력이면서 경쟁력을 확보해주는 면도 있지만, 자신과 타인에 대한 부드러움과 따뜻함 그리고 감정과 사고의 깊이를 상실해가고 있다. 정말 소중한 가치를 잃어버리고 있는 것이다. 우리는 타인과 연결되어 있는 삶을 살아가기에 더불어 행복할 때 그 기쁨의 가치는 더욱 커진다.

영국의 철학자이자 교수인 버트란트 러셀은 자신을 움직이는 동인 중의 하나가 '인류에 대한 참을 수 없는 연민' 때문이라고 했다. 여러분을 움직이는 동인은 무엇인가? 돈인가, 명예인가 아니면 인간에 대한 연민인가?

정체성 세우기

　이솝우화의 한 토막을 들어보자. 이 이야기의 줄거리는 당나귀를 끌고 가는 줏대 없는 부자에 대한 우화이다.

　처음에는 당나귀를 타지 않고 끌고 가니까 사람들이 하는 말, "왜 타고 가지 않느냐"고 훈수를 했다. 두 번째는 아버지가 아들보고 타라고 하니까 사람들이 하는 말 "늙은 아버지를 태우지 않고 왜 젊은 아들이 탔지?"하고 아들을 나무랐다. 세 번째는 아버지가 타고 가게 되었다. 이런 상황에서 사람들이 하는 말 "왜 아버지가 타고 가는 거야? 아들을 태워야지"하면서 아버지의 자식에 대한 사랑을 의심했다. 네 번째는 아버지와 아들이 당나귀를 탔더니 사람들이 하는 말 "쯧쯧 당나귀가 너무 불쌍하군"하며 수군거리는 것이었다. 결국 줏대 없는 부자는 당나귀를 짊어지고 갔다는 이야기다.

　이 우화에서 발견할 수 있는 사실은 두 가지이다. 하나는 정체성 없는 부자의 행동이고, 다른 하나는 남들이 나를 어떻게 생각하는가

에만 관심을 두고 자신만 혼란스러워하는 것이 아니고 남들을 흔드
는 구경꾼들의 행동이다.

자신의 자리와 갈 곳을 아는 사람은 남의 말에 휘둘리지 않는다.
시시때때로 찾아오는 부정적인 평가와 부정적인 말들이 나에게 영향
을 미치지 못한다. 나는 나의 인생을 살아가는 내 인생의 주인공이다.
주인공은 목표와 갈 길을 알기에 가는 도중 한눈을 팔지 않는다. 구
경꾼과 지나가는 사람들의 말에 귀 기울이는 시간만큼 목표에 접근
하는 시간은 더디어지고 멀어지게 된다. 다른 사람의 말에 끌려가지
말고 타인의 의견에 무비판적으로 동의하지 말아야 한다.

부자는 남의 시선을 너무 의식한 나머지 자신들의 정체성을 상실
했다. 자신의 정체성이란 무엇인가? 자아정체성은 사회적인 요인들을
포함한 자아개념의 확장이고 통일성과 개별화된 성격의 일관성이라
고 할 수 있다. 사람들의 자아는 감정적으로 중요한 사람을 모형화,
모방 그리고 마침내 내면화함으로써 발달한다.

그런데 우화에 나오는 아버지는 자신의 일관성을 상실하고 남의
의견을 수용만 하려고 한다. 자신의 가치관을 세우고 일관성을 유지
하면서도 전체적인 통일성을 갖는 것은 자신감 있는 사람들만 가능
한 일이다. 우리는 왜 남의 눈치를 보면서 사는가? 눈치를 보지 않으
려면 많은 간접적 경험을 통한 자신의 결정과 판단에 대한 성공 경험
과 확신이 있어야 한다. 물론 직접 경험할 수 있다면 좋겠지만 우리
는 시간과 공간자원이 부족하므로 간접경험도 우리에게 매우 유용할
수 있다. 간접경험을 하는 좋은 계기는 독서를 하는 것이다. 독서를
통해 우리는 삶의 다양한 국면에 대한 조언을 얻을 수 있다.

그러나 여기에서도 경계할 점은 있다. 무조건 받아들이는 것은 경

계해야 한다. 스스로 반성적 사고를 하지 않고 맹목적으로 받아들이는 정보는 그 가치가 적다고 할 수 있다. 아무리 훌륭한 지성이라 해도 무조건 믿어서는 안 되고 다시 한 번 자신에게 반문하고 자신이 수긍한 다음 받아들일 때 그 정보는 내 속에서 진정한 가치로 태어나는 것이다.

오늘 조용히 생각해보자. 혹시 자신의 고유한 색깔과 향기를 잃어버리고 주위 사람들의 말에 끌려가고 있지는 않은가? 남에게 피해를 주지만 않는다면 자신의 색깔과 향기를 찾아보자. 그리고 그 빛깔과 향기를 간직하자. 나는 나이니까……

우리의 자아성장 원리는 분화와 통합을 통해서이다. 자신은 남과 다른 개성의 존재로서 독특성과 고유성을 가지고 있다. 자신의 고유성과 독특성을 잃어버리면 고유자아는 혼란을 겪게 되는 것이다. 나의 고유성을 찾고 그 속에서 다른 사람과 조화로운 통합을 유지하자.

몬테소리 어록

내가 사다리를 오르고 있는데, 사다리 아래에서 개가 짖고 있다. 나는 생각했다. 사다리 오르는 것을 그만두고 짖는 개를 멈추게 해야 할까? 아니면 오르던 사다리를 계속 올라가야 하는 걸까? 나는 결정했다. 오르던 사다리를 계속해서 올라가기로 .....

필자는 비로소 마흔이 넘어서 이 말이 무엇을 의미하는지 깊이 깨닫게 되었다.

여러분은 되도록 이 말의 의미를 빨리 깨닫기를 바란다.

마음의 얼을 나타내는 얼굴

<최후의 만찬>이라는 그림으로 유명한 레오나르도 다빈치는 한 청년을 모델로 시차적인 차이가 있었지만 예수님과 유다의 모습을 형상화하였다. 선을 대표하는 얼굴과 악을 대표하는 얼굴이 하나의 얼굴에서 가능한가? 의문이다. 어떻게 그런 모순이 가능했을까? 그 청년은 요즘 배우처럼 천의 얼굴을 가졌던 것일까? 변장술이라도 부렸던 것일까?

그림 전경의 중심부에는 예수님이 있고 좌우편으로는 그의 제자들이 있다. 예수님과 스승을 배반한 제자 유다는 아이러니하게도 모델이 동일하다고 한다. 어느 청년의 긍정적인 삶이 투영되었던 얼굴 모습은 예수님의 얼굴로 대변되었다. 몇 년 후 청년은 감옥에 갈 정도로 부정적인 생각과 행동으로 삶을 살았는데 그런 삶이 그의 얼굴에 그대로 반영되었다. 한 사람 얼굴에 긍정과 부정의 모습이 다 들어있는 것이다. 레오나르도 다빈치는 그 모델에 대해 나중에 알게 되고

놀라움을 금치 못한다. 모델은 동일하지만 시간적으로 인간은 자신을 긍정적인 존재, 또는 부정인 존재로 만들어가고 조성해간다. 인간은 자신의 인생을 만들어가는 창조자이다. 우리가 몇 점짜리인지는 얼굴을 통해서 나타난다.

우리는 참으로 무지하다. 외적으로나 내적으로나 타인, 자신, 세상에 대해서…… 특히 자아가 무지한 본능에 충실할 때 삶은 부정적이고 절망적이다. 내 안에 우주가 들어 있다고 한다. 내 안에는 초자아의 모습인 성인도, 본능에 충실한 광인도, 그리고 현실에 적응하려는 세속인도 있다. 그러니 얼마나 갈등하는가? 빵 하나 놓고도 타인과 나누려는 초자아의 소리, 배고프니 혼자 먹으라는 본능의 소리, 생물학적·현실적인 적응을 하라고 중재하려는 자아, 우리는 매일 마음속의 세 목소리에 귀 기울이며 누가 이길지 고민하고 있다. 나의 마음속에서 날뛰는 광인을 다스려야 한다. 그러니 성인과 세속인, 광인은 종이 한 장 차이이다. 세 자아 중에서 누가 주인이 되느냐에 따라 사람은 달라질 수 있다.

인간이 적응하고 생존하려면 자아의 중재가 참으로 중요한 요인이 된다. 무조건 초자아의 목소리에만 순종하면 어떻게 될까? 나는 없고 100% 순수하게 타인을 위한 삶을 살다 보면 성인이야 되겠지만 유기체가 생존을 지속시키기는 어렵다. 그러나 본능에 충실한 삶은 동물에 가깝다. 먹고 마시고 교미하고 동물 수준의 삶이다. 물론 쾌락적인 삶을 전면 부정하는 것은 아니지만 인간은 쾌락 이외에도 사회적인 권력에 의지가 있으며, 그보다 한 단계 위에 있는 의미를 추구하는 동물이다. 신분상승의 욕구도 중요하지만 보다 근본적으로 인간은 자신의 본질적인 의미를 추구한다.

나의 얼굴에서 어떤 이미지가 배어 나오기를 원하는가? 성자의 모습, 유다의 모습, 한 사람의 내면에 모두 있을 수 있다. 선택은 자아에게 달려 있다. 자아는 확장과 분화로 인한 재통합으로 성장한다. 이때 많은 사람과의 동일시는 확장된 자아의 밑거름이 된다. 성장된 자아는 내면 초자아의 목소리를 기쁘게 들을 수 있다. 받는 것보다 주는 것에서 기쁨을 느낄 수 있어야 진정한 어른이다.

* 원초아(id): 지금 당장 충동을 만족시키려는 쾌락 원리를 따름
* Freude 초자아(superego): 도덕적으로 윤리적인 측면, 2세 이후 점진적 발달
* 성격 구분 자아(ego): 원초아를 조절하여 현실과 타협하고 현실을 인식하는 현실 원리를 따름

비극 속에서의 낙관

정신분석을 창시한 프로이트는 인간에 대해 '범결정론'적인 시각을 가지고 있었다. 범결정론은 어떤 조건이든지 그 조건에 대해 자기 태도를 취할 수 있는 인간의 자유의지와 선택할 수 있는 능력을 불신하는 인간관을 말한다.

프로이트의 주장을 보면 그의 인간관을 알 수 있다.

"다양한 종류의 사람들을 모두 똑같이 굶주림에 시달리도록 해보자. 배고픔이라는 절박한 압박이 점점 커짐에 따라 각 개인의 차이는 모호해지고, 그 대신 채워지지 않는 욕구를 표현하는 단 하나의 목소리만 나타나게 된다."

프로이트는 모든 인간은 상황을 통제해나갈 수 있고 변화할 수 있는 존재라기보다는 상황과 환경 앞에 본능의 욕구를 채우려고 하는 본능에 취약한 존재로 보았다. 물론 다수의 보통사람은 환경을 통제하기보다는 환경에 순응하며 타인에게 통제받는 위치를 더 편안해한다. 그러나 소수의 사람들은 자신의 '자유의지'를 사용하여 다수의 사람과 차이를 드러낸다.

인간을 제외한 다른 종(種)에서는 개체 간의 차이가 그렇게 두드러지지 않는다. 동물들은 먹이를 주면 좋아하고 아픔을 주는 채찍을 가하면 고통 앞에 비명을 지른다. 유사한 자극에 유사한 반응을 한다. 그러나 인간은 고난을 어떻게 해석하여 받아들이는지에 따라 동물처럼 추해질 수도 있고 성자처럼 존엄성을 가질 수도 있다.

고난 앞에서 인간은 어떻게 나누어질까? 하나의 유형은 고난 앞에 부정적으로 반응하는 사람, 다른 하나의 유형은 긍정적으로 고난의 의미를 찾는 사람이다. 전자의 사람들의 특징은 문제의 원인을 타인, 환경, 외부에서만 찾는다. 그러므로 자신이 할 수 있는 일은 아무것도 없다고 생각한다. 고난 앞에 무기력해지거나 타인을 향해 공격을 한다.

그러나 후자의 사람들은 고난을 통해서 더 강해진다. 고난이 주는 의미를 되새기며 내가 선택하고 할 수 있는 일들을 생각해낸다. 환경의 자극에서 무조건 반응하는 것이 아니라 자극에 대해 고민하면서 멈추고 자신의 자유의지를 동원해서 반응을 선택한다. 자극은 변할 수 없지만 반응은 온전한 나의 몫임을 알고 있는 것이다. 동물처럼 본능과 감정만을 드러내는 반응을 할 것인지 아니면 오히려 성자 같은 반응을 보일 것인가?

인간은 어제까지 동물 수준의 반응을 하였다 해도 오늘 새로운 결정을 할 수 있는 신의 피조물이다. 인간은 언제든지 변화가 가능한 지구 상의 유일한 종이다. 그래서 인간은 위대하다.

자극 → 반응

자극 → stop, thinking, choice 반응

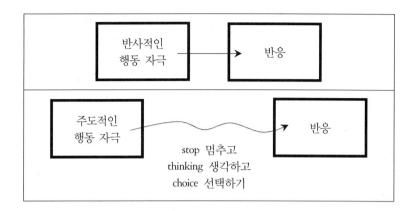

긍정적인 사람은 **삶**을 **조망**한다
−공자와 **에릭슨**이 주는 인생에 대한 **통찰**

아파트에 살다 보면 로열층이 비싼 가격에 팔리는 것을 알 수 있다. 작게는 몇 천에서 몇 억까지 그 차이가 천차만별이다. 멋진 풍경을 한눈에 내려다볼 수 있는 조망권을 확보한 로열층을 선호한다. 그만큼 위에서 내려다보면 한눈에 풍경이 다 들어오는 이점이 있기 때문이다.

인생에서도 아파트의 로열층이 갖고 있는 조망수용 능력이 우리에게 있다면 우리는 삶을 좀 더 효율적으로 관리할 수 있다. 미래를 내다볼 수 있는 능력은 동서양의 고전과 최근의 책에 시선을 두면 쉽게 가져와 내 삶에 적용시킬 수 있다. 요즘에는 평균수명이 늘어나고 있지만 대개 우리 인생은 짧으면 60세이고, 강령하면 80세를 산다. 그런 인생 동안 변화에 대비하고 준비하기 위해서는 인생의 주기에 주목해야 한다.

공자는 인간이 성숙하고 완성되어가는 단계를 6단계로 나눴다. 열다섯에는 배움에 뜻을 세우고, 서른에 뜻을 세우고, 마흔에는 유혹에 빠지지 않고, 쉰 살에는 천명을 알고, 예순에는 모든 일을 저절로 알게 되고, 일흔에 이르면 마음이 하는 것이 법규를 넘지 않게 된다고 했다.

공자가 말한 대로 삶을 살기 위해서는 나이에 맞는 배움과 나이에 맞는 행동을 하여야 한다. 청소년기에는 배움에 힘쓰고, 젊은 시절에 윤리적인 삶을 살게 되면 노년의 삶에서는 마음의 순리대로 해도 법규에서 어긋나지 않게 되는 것이다. 공자의 가르침에서 가치있는 삶에는 윤리적인 배경이 전제되어 있음을 알아야 한다.

공자와 비슷하게 심리학자 에릭슨도 인생에는 단계별로 심리적인 위기를 만나게 되는데 그것을 긍정적으로 해결해야 한다고 하였다. 에릭슨이 제시한 인생의 8단계를 통해 보면 마치 아파트 고층에서 풍경을 조망하는 것처럼 자기 인생의 단계를 조망할 수 있게 된다. 우리는 시간 속에서 태어나고 소멸하는 시간의 존재이다. 그래서 자기 인생을 횡적인 연속선상에서 생각해보면 시간이 그리 길지도 짧지도 않다는 것을 감지한다. 우리 앞에는 사회적인 귀천을 막론하고 인생의 시간이라는 귀중한 자원이 동등하게 설정되어 있다.

자신의 인생에서 시간을 잘 활용하였던 사람들은 노년기에 자신을 뒤돌아보며 일생을 의미 있고, 생산적이고, 행복한 경험으로 통합한다. 그러나 젊은 시절에 자신의 시간을 낭비하며 살았던 사람들은 자신의 과거를 충족되지 못한 약속과 실현되지 못한 목표들로 회한하며 절망하는 불행한 노년기를 보내게 될 가능성이 높다고 볼 수 있다. 이와 같이 인생을 조망적 관점에서 보면 각 단계별로 제출해야 할 과제가 존재하고 있음을 명시하고 있다.

〈에릭슨의 심리 사회적 8단계 이론〉

연령	단계	영향을 주는 사람	중요한 사건
출생~1세	신뢰 대 불신	엄마	신뢰를 학습하는 것이 중요
1세~3세	자율성 대 수치, 회의	부모	자율적이 되는 것을 학습함
3세~6세	주도성 대 죄의식	가족	주도성을 유지하며 타인의 권리를 침범하지 않는 것을 학습
6세~12세	근면성 대 열등감	학교	사회적·학업적 기술 숙달
12세~20세	정체감 대 역할훈련	또래집단	사회적·직업적 정체감 확립
20세~40세	친밀성 대 고립	친구나 연인	공유된 정체감 형성
40세~65세	생산성 대 침체	배우자, 자녀	직업을 통한 생산적 성과
노년기	자아통합 대 절망	인류	삶의 경험 통합함

긍정을 인식만 하는 하수, 실천하는 고수

　고대와 중세의 철학자들은 세 가지 본질적인 질문을 하였는데, 그것은 안다는 것은 무엇인가에 해당하는 인식론, 안다는 것을 어떻게 접근할 것인가에 대한 방법론 그리고 과연 인간이란 존재는 어디서 와서 어디로 가는가에 대한 물음인 존재론이다.

　인간은 인식에 대한 열망이 있다. 필자도 긍정적인 사람과 부정적인 사람의 차이점은 무엇인가에 대한 궁금함에서 모든 것이 출발했다. 긍정에 대해 안다는 것은 무엇인가? 긍정적인 지식을 많이 알지만 삶에 적용과 실천이 쏙 빠진 지식은 죽은 지식이다. 이런 사람은 긍정의 하수가 된다. 긍정적인 인식과 함께 삶에 적용하려고 노력해서 자기의 습관으로 만드는 자는 살아 있는 지식을 가지고 있는 고수인 것이다.

　이론과 실천이 따르는 긍정이라야 힘이 있다. '지행합일'만이 온전한 지식인 것이다. 머리로만 아는 지식은 온전한 지식이 아니다. 삶에 적용하고 알고 있는 대로 움직일 때 그 지식은 나의 삶에 영향을 미친다.

긍정적인 삶의 자세가 주는 장점들에 대해 많이 알고 있지만 삶에 적용하는 것이 중요한 일이다. 실제로 긍정적인 삶은 머릿속에서만 이루어지고 있다면 그 지식의 활용가치는 제로에 가깝다. 안다고 하는 것은 시험을 보기 위해 암기하는 지식이 아니라 삶 속에서 실천할 때 비로소 가치가 있다. 긍정에 대한 인식은 있지만, 내 삶 속에 적용시키는 문제를 해결하려면 체험이 있어야 한다.

오늘부터 자기 자신을 관찰해보자. 과연 나는 자극에 대한 반응으로 긍정적인 말을 선택하고 있는가? 아니면 긍정적인 생각은 하고 있지만 부정적인 말을 반복하고 있는가? 아니면 사고와 행동, 말을 긍정적으로 하고 있는가? 자기 자신을 진솔하게 진단해보자. 인생은 문제해결 과정이다. 문제해결 과정에서 당신은 긍정을 진정한 가치로 받아들여 실천하고 있고 긍정의 가치를 발견한다면 알고 있는 것을 실천하는 긍정의 고수이다.

긍정적인 문제해결을 위해 긍정적인 사고, 감정, 말을 실천하는 습관은 뇌 속에 긍정적인 시냅스를 구축한 것이다. 습관이 자리 잡기까지 긍정적인 실천을 한 번 할 때마다 긍정의 얇은 실선이 하나 형성된다. 그러나 두꺼운 밧줄도 가느다란 줄들이 모여서 이루어진 것이다.

습관의 힘을 강력하다. 처음에는 내가 긍정을 의도적으로 선택해야 하지만, 긍정적인 행동 하나하나가 쌓여 뇌 속에 저장되면 긍정적인 사고가 자신을 끌고 가게 된다.

뇌 속에 긍정의 시냅스가 고속도로처럼 펼쳐지게 된다. 삶의 문제와 적용에서 부정적인 인지 점화가 일어나지 않고 긍정적인 인지 점화가 일어나는 것이다. 인지 점화에 대해 간단히 언급하면 긍정적인 사건에 대한 답으로 긍정적인 해석을 하면 과거 머릿속의 긍정적인 사건들이 실타래처럼 연결되어 떠오르게 되는 것을 말한다. 마치 작은 성냥불이 다이너마이트의 도화선이 되는 것처럼 중립적인 사건을 통해 긍정적인 해석으로 내 삶에 적용시키면 긍정적인 도화선이 되는 것이다. 긍정적인 의식 축적은 자신의 인생에 커다란 에너지로 작용한다.

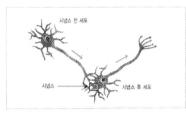 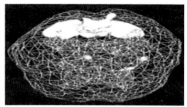

〈시냅스 그림〉

＊박민수, 『하나님의 상상력』에서 "어떤 사람은 보다 많은 긍정적인 정보가 시냅스를 차지하기도 하고 어떤 사람은 부정적인 정보가 시냅스를 보다 많이 차지하기도 합니다. 사람 사는 모습이 긍정과 부정, 선과 악의 차이가 나는 이유가 여기에 있습니다."

불평불만은 인생을 갉아먹는 생쥐

고대 그리스의 이솝우화 중에 <헤라 신에게 불평하는 공작새>가 등장한다.

어느 날 공작새는 자신의 형형색색의 찬란한 깃털을 가다듬고 있었는데 어디선가 아름다운 노랫소리가 들려온다. 그 노랫소리의 정체는 다름 아닌 초라하고 볼품없이 생긴 나이팅게일의 노래였다. 그 순간 공작새는 자신의 아름다운 깃털은 아무것도 아니고, 오직 나이팅게일의 노랫소리만 가장 소중한 가치라고 착각을 하게 된다.

매일매일 '어떻게 하면 나도 나이팅게일처럼 노래를 잘 부를 수 있을까?' 고민한다. 공작새는 마침내 헤라 신에게 찾아가 불평을 늘어놓는다.

"여신님 저는 제 목소리가 너무 싫습니다. 나이팅게일은 초라하고 볼품없이 생겼지만 모두들 그 목소리를 좋아합니다."

공작새의 말에 헤라 신은 이렇게 대답한다.

"공작새야 그 입을 다물라. 너는 보석처럼 아름다워서 사람들의 눈을 즐겁게 해준단다. 모든 재능을 다 가지고 있는 새는 없단다. 우리 신은 너희들에게 한 가지 선물만을 허락해 준단다. 만일 불평을 그만두지 않으면 네 아름다운 깃털을 거두어 가겠다."

헤라 신에게 경고를 들은 공작새는 자신의 아름다운 깃털에 관심을 갖게 되었을까? 아니면 여전히 나이팅게일의 목소리만을 부러워했을까? 궁금하다. 그 답은 우리 스스로에게 묻고 찾아야 한다. 마음을 고요히 하고 자신을 살펴보면 자신의 재능, 장점, 가치를 발견하게 된다. 신체적인 건강함, 적응적인 성격, 안정적인 정서 등 많은 것이 있다.

우리는 남의 재능을 보고 쉽게 부러워한다. 자신의 재능을 무가치하게 여기거나 감사할 줄 모른다. 남을 부러워하면서 속상해하지 말고 그 시간에 자신의 재능과 장점을 발견해서 그것을 극대화시키는 훈련을 해야 한다.

불평하는 사람의 눈은 외부에만 집중되어 있다. 온통 타인을 보는 시각으로 자신을 볼 수 있는 여유와 에너지를 잃게 된다. 불평하는 것이 스트레스를 푼다고 생각하여 한두 번 하다 보면 습관이 되어버린다. 불평하는 본인은 어느 정도 시원하겠지만 긍정적인 사람은 그것을 듣는 것이 괴롭기 짝이 없기 때문에 나중에는 그 상황을 피하려고 할 것이다. 결국 불평하는 습관을 가진 사람끼리 모이게 된다. 그렇게 되면 '부정적인 포스'를 주고받게 된다.

불평하려는 순간 입이 근질거려도 조약돌을 입에 머금어야 한다. 예를 들면 동물의 세계에서도 독수리의 먹이가 되는 것은 대부분 시끄럽게 '두두두' 대는 젊은 두루미라고 한다. 우리의 입을 단속하면 감정과 행동도 단속하기가 쉽다.

　감정의 기복이 심한 다혈질의 사람들은 꼭 말하고 나서 후회한다. 이런 사람들을 위한 좋은 방법은 생각나는 것을 즉각적으로 말하기보다는 자신의 생각을 정리해서 설탕을 묻혀 말하는 것이 필요하다. 자신의 불평을 몇 번 통제하다 보면 다른 일에 대해서도 통제할 수 있다는 자신감이 생긴다. 자제력이 있으면 충동적인 불평을 억제할 수 있다.

　불평을 하려는 순간 마음의 안정을 유지하면서 배아래 부분인 단전으로 나의 기운을 가져간다. 그리고 모든 감각기관을 긴장하지 말고 이완시킨다. 이렇게 하는 것으로도 어느 정도 효과는 있다.

* 공자의 말: 군자는 자기에게서 원인을 구하고 소인은 남에게서 원인을 구한다.

마음속 두 늑대 간의 싸움

태곳적 원시의 숲을 간직한 옐로스톤에는 거친 야생동물들과 인디언들이 조화롭게 살아가고 있었다. 그곳에는 지혜로운 인디언 추장이 살고 있었다.

어느 날 추장은 자신의 손자에게 다음과 같은 말을 해준다. 나의 마음속에서 매일매일 큰 싸움이 일어나고 있단다. 이 싸움은 모든 사람의 마음속에서도 매일같이 일어나고 있다고 말했다.

"애야, 우리 모두의 마음속엔 숱한 싸움이 일어나고 있단다. 두 늑대 간의 싸움이란다. 한 마리는 악한 늑대로 그놈이 가진 것은 자존심, 분노, 욕망, 두려움, 슬픔, 무력감, 죄책감, 수치심이란다. 다른 한마리 늑대는 좋은 늑대인데 그 늑대가 가진 것들은 깨달음, 평화, 기쁨, 사랑, 이해, 포용, 자발성, 중립, 용기란다."

호기심 많은 손자는 추장에게 질문을 한다.

"그럼 제 마음속에서는 어느 늑대가 이기나요?"

추장은 간단하게 대답했다.

"그야 네가 먹이를 주는 놈이 이기지."

이 스토리가 우리에게 주는 메시지는 심오하다. 하루 동안 우리의 마음 밭에 부정적인 의식의 주범인 악한 늑대가 판을 치도록 놔두고 있을 때도 있다. 내 마음과 내 운명의 선장이 되어야 할 자신이 제멋대로 마음이 흘러가도록 내버려둘 때가 얼마나 많은지 모른다. 의식을 한곳으로 모아 집중하지 않으면 대부분 과거의 부정적인 사건이 점화되면서 부정적 의식에 지배를 받게 된다.

미국의 '데이비드 호킨스' 박사가 연구해서 얻어진 결과물인 '의식의 지도'라고 하는 자료를 보면 인간의 의식은 17가지의 종류가 있다고 한다. 의식 수준에 따라 의식의 밝기, 행동, 감정이 파생된다. 한 사람의 의식 에너지는 그 사람의 감정, 신체근육, 세포에 영향을 미친다고 한다. 보통사람은 하루 평균적으로 오만가지 생각을 한다고 한다. 이런저런 생각을 하다 보면 부정적인 생각도 할 수 있지만 한 사람이 평균적으로 머무르고 있는 의식의 기저선이 그 사람의 평균의식이라고 본다.

부정적인 의식은 8가지이다. 부정적인 의식으로 마음을 채우는 사람은 능력이 있더라도 공동체에 피해를 주거나, 사회에 부적응적인 사람들이 가지고 있는 경우가 대부분이다. 부정적인 의식에 사로잡혀 있는 사람들은 자신과 타인을 볼 때 있는 그대로 보는 것이 아니라 굴절되어 지각한다. 부정적인 의식의 하나인 '수치심'에 사로잡혀 있는 여성은 타인의 부드러운 눈길도 수치스럽게 받아들인다. 사실은 아름다워서 쳐다본 것인데도 수치심이라는 자신이 만든 감옥에 갇히게 되어 타인의 의도를 왜곡한다. 마치 초등학교 시절 견학을 간 과학관에서 경험하였던 오목거울과 볼록거울처럼 사실 그대로가 아닌 휘어지고 구부러지게 자신과 타인을 지각하게 되는 것이다.

부정적인 의식에 지배당하는 것은 개인적으로 불행한 일이다. 그러나 자신의 의식을 직면하고 인식의 전환을 할 수 있다면 늦은 시기라는 것은 없다. 당신이 중년의 삶을 살든, 노년의 삶을 살든 시작하기에 너무 늦은 때란 없다. 삶은 죽음의 순간까지도 완성을 향해 가는 '진행형'이다. 우리는 할 수 있다.

〈의식레벨표〉

구분	단계	LUX	의식수준	감정	행동
POWER	17	700~	깨달음	언어이전	순수의식
	16	600	평화	하나	인류공헌
	15	540	기쁨	감사	축복
	14	500	사랑	존경	공존
	13	400	이성	이해	통찰력
	12	350	포용	책임감	용서
	11	310	자발성	낙관	친절
	10	250	중립	신뢰	유연함
	9	200	용기	긍정	힘을 주는
FORCE	9	175	자존심	경멸	과장
	7	150	분노	미움	공격
	6	125	욕망	갈망	집착
	5	100	두려움	근심	회피
	4	75	슬픔	후회	낙담
	3	50	무기력	절망	포기
	2	30	죄의식	비난	학대
	1	20	수치심	굴욕	잔인함

학습된 무력감에서 벗어나 시도하라

아무것도 하지 않는 것 보다 악이라도 행하는 것이 낫다.(T.S 엘리어트) 이것이 인간으로서 최소한의 임무이다.

학습된 무력감이란 무엇인가? 과거의 실패한 부정적인 경험으로 인해 머릿속의 자신감 필터가 작동하지 않는 상태로 자신의 시도에 과도하게 부정적인 결과를 예측하는 것이다. 학습된 무력감은 마틴 셀리그만 등이 동물실험 중에 발견한 현상으로 유기체가 반응을 해도 결과를 통제할 수 없다는 학습된 신념으로 그러한 상태를 당연하게 받아들이는 태도를 장기적으로 형성하게 된다. 덩치 큰 코끼리를 말뚝 하나로 길들이는 것은 동물의 학습된 무력감의 대표적인 케이스이다.

우리 주변에서 무력한 사람들의 특징은 세 가지로 나타난다.

첫째는 자신이 세운 가설이 통제 불가능한 사건과 만나서 해결의 실마리가 보이지 않았을 때 무력감을 형성한다.

둘째는 무력한 사람들은 자신의 신념과 가치관대로 도전하다 실패하기보다는 체면 때문에 문제를 기권해버린다. 그리고 수동적인 행동을 선택하고 운명이나 우연으로 돌린다.

세 번째는 무력한 사람들은 심리적인 위축으로 실제 문제해결에 도움이 안 되는 질문에 빠져 있다. 예를 들면 '나는 무엇을 느끼는가?', '왜 내가 이 문제에 봉착했는가?'라는 질문으로 문제를 풀지 못하고 무력감에 빠지게 된다. 이에 따라 낮은 기대, 부정적인 정서, 수동적 포기 경향과 지속성의 결여 등이 나타난다.

만일 내가 학습된 무력감을 가지고 있다면 어떻게 해야 하는가? 작더라도, 의도적이더라도, 작은 성공경험을 많이 할 필요가 있다.

Gigo(쓰레기가 들어가면 쓰레기가 나온다), 반대로 Siso(성공이 들어가면 성공이 나온다는 원리) 성공이 들어가면 성공이 나온다는 원리에 의해 작은 성공체험으로 할 수 있다는 자신감을 느껴보는 것이 중요하다. 그리고 자신이 처음 느낀 통제 불가능한 사건에 대한 원인을 어떻게 귀인했는지 반문해본다. 귀인이란? '왜'라는 물음을 통해서 사물의 원인을 규명하는 것이다. 나는 그 사건을 어떻게 생각했는가? 나의 무력감의 본질과 한계는 통제 불가능성의 원인을 어떻게 해석하느냐에 달려 있다.

'왜 영어시험에서 좋은 점수가 나오지 않았을까', '어제 남편이 저녁식사할 때 기분이 나빴을까?' 등등. 영어시험에서 원하는 점수를 얻지 못한 것을 '내 능력과 머리가 부족한 탓'으로 생각하면 더 이상 공부를 해봐야 소용없다는 생각을 하게 되어 영어공부를 포기하게 될 것이다. 그러나 '노력이 부족했구나'라는 생각을 하게 되면 공부를 좀 더 하게 된다. 남편이 기분이 좋지 않은 것은 '나에게 애정이 없는 것'이라면 좌절되지만, '어쩌다 화가 났을 것'이라고 생각하면 희망이 있는 것이다.

또 때로는 노력한 만큼 결과가 안 나왔을 때는 실패의 원인을 자신의 내부(노력, 능력부족)에서 찾기보다는 외부에서(문제의 곤란도, 운 없음) 찾는 것도 무력감에서 벗어나는 방법이다. 실패의 원인을 내부에서 찾을 것인가, 외부에서 찾을 것인가? 실패의 원인이 본인에게 있더라고 능력은 하루아침에 변화되기 어려운 속성이 있고, 이에 비해 노력이나 기분은 때에 따라 변하기 쉬운 원인이다. 따라서 마음만 먹으면 노력이나 기분은 나의 능력보다 쉽게 변화시킬 수 있다. 무력감은 한 사건을 포괄적으로 볼 때 커지고, 그 한 사건에만 영향을 미치는 특수한 것이라고 생각하는 것은 제한된 결손만을 가져온다. 즉, 영어시험을 못 보았다고 다른 과목도 못 볼 것은 아니다. 영어라는 영역에서만 제한된 실패인 것이다.

이제 과거의 실패원인! 외부적, 불안정적, 특수적이라고 생각하고 무력감에서 해방되자.

온전한 오늘을 살아라

오랜만에 친구들을 만났다. 요즘 남편과 권태기인가 봐. 그러면서 남편에게 신혼 초와 달라지고 변한 행동만 몇 번씩 말을 했단다.

"옛날에 당신이 그랬잖아. 영원히 사랑한다고. 근데 지금은 변한 거 아니냐고……."

그러면서 20대로 돌아가서 첫사랑 남자를 만나고 싶단다. 우울한 목소리로 비가 오면 첫사랑, 그 사람은 무엇을 할까 생각한단다. 또한 친구는 땅이 꺼져라 한숨이다. 청소년인 아들이 어느 대학에 들어갈 것이며, 직장을 잘 잡을 것인지 미래에 대한 기우들을 늘어놓는다.

필자는 한참 있다가 친구들에게 조심스럽게 말문을 열었다. 지금 여기에서 남편과의 문제에 답을 찾아보라고. 지금 여기, 우리의 현실이 중요하다고……. 그리고 남편은 남이라고. 아주 가까운 남이라고. 그 사람도 처음에는 영원히 사랑하려고 그랬겠지. 관계는 양방향이라 서로 주고받는 거야. 네가 사랑받으려면 네가 먼저 변해야 한다고……

우리가 행복하지 않은 원인은 과거 속에 살기 때문이다. 왕년에 내가 ……라고 추억하지만 과거는 이미 지나간 시간이다. 다시 돌아오지 않는다. 오직 마음속에 있을 뿐이다. 과거의 상처, 과거의 영광은 이미 지나간 것이다.

또 우리가 행복하지 않은 이유는 미래에 살기 때문이다. 앞으로 다가올 미래가 걱정되고 불안하여 오늘을 충실히 할 수 없다. 어느 조사결과에 의하면 사람들이 불안해하는 것 중에 40%는 이미 지나간 것이며, 50%는 아직 존재하지 않는 미래의 것이고, 10%만이 현재를 위한 것이라고 한다.

우리에게 주어진 시간은 오늘이라는 현재(Present)뿐이며, 현재(Present)라는 영어단어는 선물(Present)이라는 의미로도 사용한다.

오늘을 충실히 살기 위해서 우리는 어떻게 해야 할까? 지금 여기에 충실한 삶을 살자. 집에 있는 남편, 자식 걱정보다는 지금 내 앞에 있는 일, 내가 지금 만나는 사람에게 충실한 사람이 충분히 기능하는 사람이다. 남편과 자식은 집에 도착했을 때 충실히 해야 할 사람이다. 현실에 충분히 기능하는 사람은 자기 경험에 열려 있으며, 자기 방어가 적으며, 순간순간의 자기 실존적인 삶을 살며, 순간을 새롭게 받아들이고, 자신을 신뢰하며 심리적으로 자유롭다. 이런 사람은 자유롭고 창의적이며 인간성에 대한 기본적인 신뢰를 가지며, 삶을 더욱 풍부히 하고자 한다.

친구가 부정적인 상황에서 부정적인 말을 할 때는 지금, 여기에 충실히 기능하는 조력자로서 생산적인 조언을 해보자. 조언할 때 조력자가 지녀야 할 자세는 네 가지이다.

첫째, 친구를 신뢰하라. 친구가 지금 불안반응을 보이지만 믿을 만하고 일관성이 있으며 분별력이 있는 존재로 생각하고 대하라.

둘째, 친구의 성장가능성을 믿는다. 모든 사람은 죽을 때까지 배우고 성장하는 존재로 실패조차도 발판화하여 발전해나가는 가능성의 존재임을 자각한다.

셋째, 친구의 모습을 있는 그대로 받아들인다. 인간은 누구나 부족분의 동물이다. 그렇기 때문에 친구의 있는 그대로를 품어주어야 한다.

넷째, 친구를 충분히 공감한다. 친구가 느끼는 지각 및 의미세계로 들어갈 수 있어야 하며 친구의 행동을 충분히 이해할 수 있어야 조언이 가능하다.

우리는 지금, 여기에 내 앞에 있는 상황과 사람에게 충실할 때 온전한 오늘을 살 수 있다.

제3부

긍정으로
인생 물들이기

솔개의 장수비법에 대한 음미

　필자의 아들은 엄마에게 지적, 정서적으로 기대하는 것이 산만큼 높고 바다처럼 깊다. 그만큼 자신의 엄마를 신뢰하는 것이리라. 그래서 무엇이든 묻고 또 묻는다. 어느 때는 솔직히 알 수 없는 것에 대해서 모른다고 말한다. 엄마도 무조건 다 아는 것은 아니야 엄마도 공부해서 너를 가르쳐 주는 것이라고 고백을 한다. 공자와 소크라테스는 정확히 안다는 것에 대해 공통적으로 언급했다. "무엇을 안다고 하는 것은 아는 것은 안다고 말하고 모르는 것은 모른다고 말하는 것이 정말로 아는 것이다"라고......

　필자도 어렸을 때는 아들이 필자에게 기대하는 것처럼 어른이 되고, 마흔쯤 되면 모든 것을 알게 되고, 정신적인 깊이, 평정심을 저절로 얻게 되는 줄 알았다. 막연하게 기대하고 살았다. 20대가 가고 30대가 지나고 40대를 맞이하게 되면서 저절로 이루어지는 것은 없다는 것을 알게 되었다. 인생의 공짜는 없다. 정신적인 평안은 찾아가고 구하는 가운데 방법을 터득 하게 되는 것이다. 사십대가 되면 지나온 날에 비해 앞날이 많지 않다고 느낀다. 얼굴에는 주름이 잡히고 머리는 벌써 새치가 늘어가고 몸은 쳐졌다. 시간은 자꾸 흐르고 독립적 자아 정체성이 우세한 사람은 실존적 불안이 더욱 커지게 된다. 이런 불안감은 내적인 변화 없이 외적인 성과물이 축적 된다고 해결되는 것은 아니다. 외적인 지위나 눈에 보이는 과시적인 성과물은 일시적인 안정에 기여 할 수 있지만 지속적인 안정과 평안을 얻을 수는 없다.

내적인 변화만이 중년의 위기와 문제를 초연히 받아들일 수 있도록 준비해준다. 내적인 변화란 어떤 것일까? 그것은 곧 자아의 성장이리라. 자아의 성장에는 반드시 진통이 따른다.

온실속의 꽃은 한 번의 서리에도 생명을 보전 시키지 못한다. 사람이 가꾼 분재는 온실의 꽃보다는 생명력이 더 강하다 그러나 험준한 악산의 외로운 소나무는 온몸으로 비바람과 서리를 맞고 질긴 생명력을 꿋꿋이 이어나간다. 자아도 외로운 소나무처럼 심리적으로 성숙하기 위해 홀로 해결해야 할 비바람과 무서리가 있다. 그것이 정신적인 것이든, 경제적인 것이든, 자신의 과제 난이도만큼 성장할 것이다.

필자에게도 과제는 있었다. 그중 결혼생활의 최대의 심리적인 과제는 '시어머니' 와의 긍정적인 관계 맺기였다. 덕분에 눈물의 의미와 인내심을 얻을 수 있었다. 순종과 참음이 있을 때마다 인내심이 성장되었고 모가 났던 자아의 일부분은 둥글게 마모되어 갔다. 마치 자신의 부리로 자신의 오래된 날개의 깃털 하나하나 뽑아내는 솔개처럼 자신 이외에는 그 아픔을 누가 알 수 있을까? 솔개의 아픈 이야기 속에는 정신적 성장을 원하는 사람에게 필요한 결단의 비결이 숨겨져 있다.

솔개는 40살이 되면 새롭게 살기위한 결단의 시간을 가져야 한다.

그 누구와도 나눌 수 없는 혼자만의 결단의 시간...., 이것을 직면하는 솔개는 다시 살게 되고 이것을 피하는 솔개는 죽음을 맞이하는 수밖에 없다.

중년에 들어선 나이든 솔개는 40년 동안 사용하던 부리, 발톱, 깃털이 너무나 낡고 무거워서 더 이상 하늘로 비상하지 못하게 된다. 비상하지 못하면 먹이를 구하지 못하게 되고 필연적으로 죽게 되는 것이다. 여기서 살아남으려는 솔개는 고통스럽지만 중요한 결심을 해야 한다. 자신의 의지로 홀로 깊은 산속의 뾰족한 바위를 찾아 간다. 뾰족한 바위에 자신의 낡은 부리를 부딪쳐 피가 나게 하고 결국은 그 부리를 뽑아낸다. 그리고 새로운 부리가 나오면 그 새 부리로 낡은 발톱을 뽑아낸다. 마지막으로 새 부리와 새 발톱으로 자신의 낡은 깃털을 모조리 뽑는다. 그 후에 솔개는 새롭게 나온 가벼운 깃털로 창공을 유유히 날아간다. 이렇게 아프고 외로운 갱생과정을 통해 새 몸을 입은 솔개는 새로운 30년을 열게 되는 것이다.

변화는 고통을 참아내야 한다. 솔개처럼….

<나의 삶> - 디킨슨
내 만일 한 가슴의 깨어짐을 막을 수만 있다면
나의 삶은 결코 헛되지 않으리
내 만일 한 생명의 아픔을 덜어주고
고통하나를 식혀 줄 수만 있다면
그리고 또한 힘이 다해가는 로빈새 한 마리를
그 둥지위에 다시 올려줄 수만 있다면
나의 삶은 결코 헛되지 않으리

목표와 꿈의 성장

태평양에 두 대의 배가 어디론가 가고 있다. 한 배의 목적지는 미국으로 가는 여객선이다. 다른 배는 아무런 목적 없이 바다에 떠 있을 뿐이다. 한 배는 목적지가 있어 항해하는 배이지만 다른 배는 목적지가 없어 표류하는 배이다.

우리의 인생에서 주목해야 할 점은 과연 자신이 인생의 바다에서 표류하고 있는지 항해하고 있는지 고민해보아야 한다.

더글러스 밀러는 『최고를 이기는 긍정의 기술』이라는 책에서 다음과 같은 말을 했다.

"목표를 세우면 모든 사고의 방향이 결정되기 때문에 긍정적인 사고를 하는 사람들에게는 목표를 설정하는 것이 무엇보다 중요하다. 목표는 긍정적인 사고의 기폭제 역할을 한다."

목표 없이 살아간다는 것은 아주 슬픈 일이다. 아이들과 동전 던지기 게임을 해본 적이 있는가? 동전 던지기를 할 때 타깃을 정해주지 않으면 어떻게 될까? 아이들은 산발적으로 여기저기 무질서하게 동전을 던진다. 동서남북 앞뒤로……. 동전 던지기를 할 때 간단한 원의 타깃을 제시하면 그 원을 향해 동전을 던진다. 동전이 정확하게 타깃 안에 들어가지 않는다 해도 근사치에 가까이 던져지게 된다. 그리고 마침내 몇 번의 연습과 훈련으로 정확하게 타깃 안에 들어가는 확률은 점점 더 증가한다.

목표를 설정하는 것은 참으로 중요하다. 열심히 최선을 다하는데도 자신이 원하는 결과를 얻지 못한다면 심각하게 생각해보아야 한다. 나는 동전을 목표 없이 땀나게 열심히만 던지고 있는 것은 아닌가?

목표를 머릿속에만 저장하고 있으면 어떻게 될까? 휘발성이 강해서 목표를 이루기 위한 행동은 '작심삼일' 만에 끝장나기 십상이다. 오늘부터는 조금 다른 실천을 해보자. 적자생존을 해보자. 이 말은 난센스의 말로 적는 사람이 생존한다는 뜻이다. 펜으로 적지 않고 마음속에만 두면 휘발유처럼 날아가기 십상이다.

하버드대학에서는 목표가 인생에 미치는 영향에 대한 광범위한 추적 연구를 25년간 시행했다. 지능, 학력, 환경이 비슷한 사람들을 대상으로 한 실험이었다. 3%의 사람들은 명확하고 장기적인 목표가 있었고, 10%의 사람들은 단기적인 목표가 있었고, 60%의 사람들은 목표가 희미하며, 27%의 사람들은 목표가 없었다.

명확한 목표가 있었던 3%의 사람들은 25년 후에 사회에서 최고의 인사가 되어 있었고, 10%의 단기적인 목표를 세웠던 사람들은 사회의 중상위층의 안정된 생활을 하고 있었다. 목표가 희미했던 60%의 사람들은 중하위층의 안정된 생활을 하고 있었지만 뚜렷한 성과는 없는 것으로 나타났고, 목표가 없는 사람들이었던 27%의 사람들은

타인을 원망하고 사회가 구제해주기만을 기다리면서 최하위 수준의
생활을 하고 있었다.

　우리가 어디로 가는지 방향성을 잃어버렸을 때는 걸어가기를 멈추
고 방향성을 설정해야 한다. 목표를 잃어버렸다면 계속 가기를 멈추
어야 한다. 열심히만 한다고 되는 것은 아니다. 장기적이고 명확한 목
표를 세워보자. 목표는 인생을 항해하는 데 꼭 필요한 나침판 역할을
한다.

〈목표 설정이 인생에 미치는 효과〉

목표 유무	비율	결과
명확한 목표가 있음	3%의 소수	사회 최고의 인사
단기적 목표가 있음	10%의 사람들	중상위층의 안정된 생활
희미한 목표가 있음	60%의 사람들	중하위층의 안정된 생활
목표가 없음	27%의 사람들	사회구제에 의존하는 생활

긍정적인 사람은 자신을 절대평가한다

사람들이 괴로운 건 남과 비교를 통해 자신의 위치를 확인하려 하기 때문이다. 필자도 처음부터 긍정적이었던 것은 아니었다. 30대 초반 남과 비교할 때는 인생이 괴로웠다. 시집 잘 간 친구와 비교하고, 직장 운 좋은 친구와 비교하고, 외부적인 운이 좋은, 모든 조건 좋은 사람과 비교하고, 능력 있는 친구와 비교해서 괴롭고…… 늘 비교하면서 열등의식에 시달렸다. 어느 날 강의준비를 하다가 평가에는 여러 종류가 있다는 것을 깊이 깨닫게 되었다. 그것을 내 인생에 적용시키면서는 더 이상 비교로 괴로워하지 않게 되었다.

우선 평가에는 상대평가, 절대평가, 성장참조평가, 능력참조평가가 있다.

상대평가는 상대적 서열을 평가하는 것으로 상호경쟁으로 인한 인간소외 문제가 심각하다. 절대평가는 학습자가 정해진 목표에 도달했다고 생각하면 모든 학생들에게 A학점을 주는 것이다. 성장참조평가와 능력참조평가는 학습자가 지니고 있는 능력을 얼마나 발휘하고 향상을 보였는지 강조하며 교수기능이 중요시 되는 평가이다.

절대평가의 원리는 피츠버그대학에 학습연구개발센터를 창설한 로버트 글레이저(Robert Glaser) 박사에 의해 고안되었다. 절대평가는 사람의 성취도를 평가하려면 기본능력이 기준이 되어야 하고 자신의 능력에 비하여 더 노력을 하여서 그 이상을 성취하면 과성취자, 능력에 비례한 성취자는 성취자요, 능력에 비례하여 노력을 하지 않았으면 미성취자로 구분하고 있다. 상대평가는 사회적 고 부담시험에는 꼭 필요하지만, 장기적인 인생목표를 세우고 긴 일생 동안 고난 앞에 담대한 자신이 되려면 절대평가에 근거해서 자기 자신을 신뢰할 수 있어야 한다.

남들과 비교해서 자신이 잘났다고 생각되면 교만해지기 십상이고, 못한 것 같이 생각되면 열등감과 시기심이 생기기 마련이다. 비교경쟁은 능력과 환경조건이 비슷한 사람끼리 해야 패자가 되어도 다음번에 용기를 내어 도전할 수가 있다.

또한 남들과 여러 번 경쟁하여 실패하게 되면 '학습된 무력감'에 빠지기 쉽다. 학습된 무력감이란? 자신이 노력하여도 별로 상황이 나아지지 않는 것을 알게 된 유기체가 더 이상의 어떠한 시도도 하지 않고 무기력하게 생활하는 것을 의미한다. 동물원에 붙잡혀온 커다란 코끼리처럼 자신의 잠재력과 가능성을 잃어버린 그대…….

지금까지 무기력하게 지내왔다 할지라도 오늘부터라도 익숙한 구역을 지나 자신을 새롭게 평가해보자. 다른 사람과의 비교가 아닌 나 자신의 장기적인 목표에 얼마나 접근하고 있는지, 지난해보다 무엇이 더 성장했는지 생각해보자.

절대평가의 원리적용은 부정적인 자기 말을 거부하는 용기부터 출발해야 한다. 부정적인 자기 말 '난 안 돼', '난 능력이 없어', '난 나이가 많아' 등은 어느새 나의 의식, 감정, 의지까지도 잠식하고 나의 발목을 붙잡는다. 이런 부정적인 자기 말을 과감히 버리고 긍정적인 자기 말로 바꿔보자.

"난 할 수 있어."

"달력의 나이는 가라. 내 행동이 내 나이를 결정한다."

다음으로는 잘났다고 생각하는 사람과 비교하지 말고 어제의 나와 비교해보자. 나의 고난과 불운 앞에도 할 수 있는 점부터 새로운 마음으로 시작해보자. 진정한 적은 밖에 있는 것이 아니라 내 안에 있으니까⋯⋯. 나태해지고 안일해지려는 나 자신이 아닌가 분명 잘 살펴보면 예전의 나보다는 하루하루 진보하는 나 자신을 발견할 수 있다.

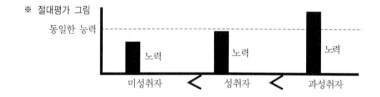

긍정적인 여자는 배움의 열정이 있다

필자는 아름다운 자연을 보면서 감동받곤 한다. 자연물 중에서도 꽃을 볼 때 아름다움을 느끼게 된다. 그리고 자연물 중에서도 특히 사람이 아름답다. 외모가 아름다운 연예인들에게도 끌리지만 내면에 자기만의 언어세계를 가지고 있는 학자나 작가를 보면 가슴이 두근 거린다. 그렇기에 필자는 만학도이면서 평생 배움의 끈을 놓을 수가 없나 보다. 인격과 학문이 겸비된 학자가 풍기는 내적 아름다움이란? 신의 속성 중에서 가장 아름답고 고귀한 것(이성)의 끝자락을 붙잡으려는 몸짓이 아닐까? 소크라테스에 의하면 미의 단계는 세 단계가 있다고 했다. 외적인 것의 아름다움, 제도의 아름다움, 학문의 아름다움 (지혜 사랑)……. 당신은 정신의 아름다움을 느껴본 적이 있는가?

왜 공자는 40대의 여인에게서 떨림을 경험했을까? 40대는 장미의 외모는 벗어났지만, 인생의 상처와 굴곡에도 불구하고 성숙한 인생의 멋을 아는 여유가 있어서 그것에 끌리지 않았을까? 마치 이제는 돌아와 거울 앞에 선 내 누이처럼…… 고뇌와 슬픔을 삭이고 승화시킬 수 있는 내공을 가진 여인은 긍정적이고 희망적이다. 한을 마음속에 쌓아두지 않는다. 아니 한조차도 에너지로 쓸 수 있는 자원으로 만든다. 상처 입은 치유자, 소산능력이 바로 그것이다.

필자가 학자들의 이론을 배우는 것은 이론을 내 삶에 적용시켜서 내 삶을 유익하게 변화시킬 수 있기 때문이다. 내 삶에, 내 가정에 적용시키지 못하는 실천 없는 학문이라면 무슨 의미가 있을까? 다만 빈 수레, 빈껍데기에 불과하다. 필자는 남자의 학력보다 엄마가 될 여자의 학력이 더 중요하다고 생각한다. 자녀의 지적인 자극은 대개 아버지보다는 어머니에게서 더 많은 영향을 받기 때문이다.

여자가 공부하면 특유의 말하고 싶은 본성으로 인하여 공부한 것을 남편과 나누고, 자녀와 나누게 된다. 나눌 때 가치가 있는 것이다. 배우는 목적은 외적 가치와 내적 가치가 있다. 외적 가치는 수단적 가치로서 배울 때 우리는 경제적으로 생산성이 늘어난다. 배우는 사람이(넓게 보면 책을 읽는 사람이) 배우지 않는 사람보다 돈을 많이 벌게 된다. 배우는 여자는 배우지 않는 여자보다 남편과 자녀를 육체적으로 건강하게 만든다는 통계가 있다. 위생개념과 식품 신호등을 인지하고 몸에 좋은 음식과 나쁜 음식을 분별해서 제공하기 때문이다. 배우고, 책을 가까이 하는 여자는 건강한 가정을 만든다. 육체적 질병은 우리 삶의 질을 얼마나 떨어뜨리는지 우리는 경험으로 알고 있지 않은가?

둘째, 배우는 여자는 현명한 소비를 하여 장기적으로 부를 축적하는 데 기여한다. 배우는 여자는 같은 돈을 주고도 안목이 높아 싸게 사는 능력이 있다. 정보를 정확하게 알고, 신제품에 대한 올바른 판단으로 물건을 잘 고를 수 있는 것이다.

셋째, 배우는 여자는 사회적 네트워크가 발달되어 있어 상부상조할 수 있는 지원체계가 있다. 배우고 공부하는 동안 같이 공부한 사람들과 끈끈한 인맥을 쌓고, 그 인맥은 나를 지원하는 우정으로 발전해 서로를 지지해줄 수 있다. 우리는 어느 한 부분에 대해서만 전문가일 수밖에 없으므로 다양한 직업의 친구를 알아두면 정보와 도움을 얻을 수 있다. 공부하고 배우는 여자는 자녀의 취업과 자녀가 배우자를 선택할 때도 사회적 인맥을 활용한다.

늘 배움에, 열정에 목말라하는 여자는 외적인 것보다는 자신의 내면을 가꾸는 사람이다. 그렇기에 눈에 보이는 작은 승패에 마음을 빼앗기지 않는다. 당당히 자신의 인생을 살아가기에 자신의 독립국가를 세운 사람이다. 이런 여자는 식민지처럼 남의 기준으로 인생을 살아가지 않고 자신이 세운 목표와 가치에 근거한 삶을 살기에 흔들리지 않는 자신만의 신념으로 살아가게 된다.

* 식품신호등
초록군: 채소, 우유, 과일류로 자주먹어도 되는 음식들이다.
노랑군: 어육류로 돼지고기, 쇠고기등 적당량 먹어야 할 음식이다.
빨강군: 곡류, 지방류로 적게 먹어야 할 음식이다.
검정군: 단순당으로 사탕, 콜라, 사이다, 초콜릿, 잼, 젤리등으로 가능하면 먹지 말아야 할 음식이다.

박수의 힘을 내 생활에 적용한다

　필자는 평소에 박수를 많이 친다. 기도할 때도, 일이 잘 진행될 때도, 친구와 만났을 때는 하이파이브 박수를, 자신감이 없을 때도 박수를 친다.

　박수의 좋은 점을 무엇일까? 손에는 오장육부가 다 들어 있기 때문에 박수를 자주 치면 각 신체기관이 자극을 받아 혈액순환이 잘 된다. 오른손 손바닥의 엄지는 오른 다리 후면을 나타내고, 검지는 오른팔, 중지는 얼굴 전면, 약지는 왼팔 전면, 새끼손가락은 왼 다리 후면을 나타낸다. 우리가 민간요법에서 체했을 때 손바닥을 문질러주는데 어느 정도 효과가 있는 방법이라고 할 수 있다. 명심보감에서도 소식을 하고 손끝, 발끝으로 혈액순환이 잘 되는 것이 장수의 비결이라고 말하고 있는데 박수치기는 혈액순환에 많은 도움을 주는 손쉬운 동작이라고 볼 수 있다. 손 비벼주기와 손 털기의 간단한 동작과 기지개만 잘 켜도 짧은 시간 내에 피곤함을 벗어날 수 있다. 공부를 한다든지, 장시간에 컴퓨터에 노출될 경우 손 비벼주기와 손 털기, 기지개로 육체적 피로를 말끔히 씻어내보자. 기지개를 잘 켜는 요령은 손은 하늘로 향하고, 두 팔은 귀에 붙이고, 3초에서 4초 정도 정지한 상태로 스트레칭을 해준다.

조영춘(1987)은 합장박수의 운동 강도에 대한 논문에서 뇌졸중 환자를 대상으로 손을 자극하는 치료를 한 결과, 뇌손상 부위가 빠르게 회복되었고 뇌세포가 활성화되었다고 보고하고 있다. 흔하고 평범한 박수이지만 잘 활용하면 건강에 많은 도움을 주는 장점이 있다.

박수를 치면 좋은 점으로 무엇이 있을까?

첫째, 특별한 준비과정 없이 남녀노소 누구나 다할 수 있는 장점이 있다.

둘째, 양손을 모두 쓰기 때문에 좌뇌와 우뇌를 발달시킨다.

셋째, 박수를 치면 기분이 좋아지고 자신감이 생겨 긍정적인 사고를 갖게 된다.

넷째, 스트레스 해소에 도움이 된다. 기분이 다운되거나 우울할 때는 박수를 쳐보자. 기분이 좋아지고 스트레스가 해소되고 신체적, 정신적으로 유쾌해진다. 여러 가지 박수를 내 생활 속에 활용해보자.

먼저 손가락 끝 박수를 치면 비염이 있거나 눈이 쉽게 피로한 것을 예방하거나 도움이 될 수 있다. 책을 읽다가 산만해질 때 집중력을 모을 때 하면 좋다.

주먹 박수는 양 주먹을 쥔 후 양손을 맞대고 손가락이 닿는 부분끼리 박수를 친다. 두통이나 어깨 부위의 통증을 치료하는 데 좋다. 머리가 띵하거나 아플 때 하면 기분이 맑아지고 어깨가 피곤할 때도 좋다.

손목 박수는 손목과 연결된 손바닥의 끝부분만 마주치는 박수이다 손목 박수는 방광과 연결되어 있어 방광을 자극해 생식기 기능과 정력을 좋아지게 한다.

목뒤 박수는 양손을 목뒤로 돌려서 힘차게 박수를 친다. 목뒤 박수는 어깨 피로를 푸는 데 효과적이며, 어깨나 팔뚝의 군살을 빼는 데 도움이 된다. 몸이 뻣뻣한 사람들이 처음에 하면 불편할 수 있지만 몇 번 하다 보면 편해진다.

손등 박수는 한쪽 손등을 다른 한 손으로 때리듯이 치는 박수로 양손을 번갈아가며 친다. 손등 박수는 허리와 등, 척추 건강에 도움이 되고 요통이 심한 사람들이 꾸준히 해주면 좋다.

엄지볼 박수는 엄지손가락 밑에 불룩한 곳끼리 마주 닿게 하고 치는 박수이다. 엄지볼 박수의 효과는 간장, 다리, 신장, 생식기 하복부 질환에 좋다.

산책을 할 때도 박수를 쳐보자. 긍정의 에너지를 내 안에 가득 채울 수 있다.

긍정을 만드는 입버릇 기술

최근 신경의학계에서는 뇌 속의 언어중추신경이 모든 신경계를 지배하고 있다는 것을 발견하고 이것을 정설로 받아들이고 있다. 이러한 원리를 치료부분에서 활용하는 것이 언어치료와 신경언어(NLP) 프로그램이다.

특히 신경언어 프로그램은 긍정적인 삶을 살아가는데 말의 기술이 얼마나 중요하고 필요한지 증명해주고 있다. 신경언어 프로그램은 1970년대에 미국에서 리처드 밴들러와 존 그린더에 의해 시작된 심리학과 언어학을 배합한 신사고(발상의 전환) 방식이다.

신경과 언어는 하나로 연결되어 있다. 어떤 상황에서 리프레이밍 방법을 사용하여 기존의 내 생각의 틀을 바꿔 다른 틀로 보는 것이다. 기존에 검정 선글라스를 쓰고 세상을 보았다면 밝은 색 안경으로 바꾸어 세상과 상황을 보는 것이다. 그러면 세상을 보는 눈, 관점, 세계관이 바뀌게 된다. 그동안 부정적인 안경을 벗고 맑은 안경으로 바꿔 쓰자.

우리는 긍정적인 삶을 간절히 원하고 있다. 그리고 변화를 꿈꾸고 있다. 그렇다면 당신의 말을 바꿔보라. 우리의 생각은 보이지 않으나, 우리의 생각을 알 수 있는 것은 우리의 표정과 말이다. 먼저 말을 바꿔보자. 우리는 자신의 생각을 표현하기 때문에 말에는 그 사람의 생각이 담겨 있다. 말은 마음의 알맹이(중심내용)이다. 나의 현재 모습은 과거의 생각의 반영이요, 나의 미래는 현재 나의 생각에 의해 달라진다. 사람은 자기가 하는 말에 지배된다. 말을 하기 전에는 내가 말의 주인이지만 말을 선포하게 되면 내가 말에 의해 끌려가는 것을 우리는 경험으로 알 수 있다. 말에는 견인력, 성취력, 각인력이 있다.

말의 견인력은 자신이 무엇이 되겠다고 선언하면 힘들고 어려운 일을 만나더라도 인내하며 참고 때를 기다리게 된다. 그 사람의 말에 의해 그 사람의 행동을 끌고 간다고 볼 수 있다. 말의 성취력 비밀은 놀랍다.

필자가 대학 4학년 때 일이다. 필자를 알아준 스승(김정래 교수님)께서 필자의 '사랑의 심리학' 리포트 발표를 보고 과분한 칭찬을 해주셨다.

"장차 여교수 감이에요."

그리고 개인적으로 시간을 내주시면서 대학원 진학을 권고하셨다. 필자는 몇 년 후 S대학 유아교육과 교수가 되었다.

자신에게 의미 있는 타인의 말은 이렇게 의미심장하게 사람을 변화시킨다. 또한 말의 각인력이라는 것은 말은 잠재의식 밑바닥까지 파고들어 우리 인생여행의 운전사 역할을 하게 된다. 그러므로 우리는 긍정의 말을 선포해야 한다.

불행한 예이지만 1990년대 지존파의 우두머리였던 청년이 법정에서 사형선고를 받게 되었다. 그가 범죄를 저지르게 된 원인은 부정적인 말을 자기 내면에 새기었기 때문이었다. 지존파의 우두머리였던 청년은 다음과 같이 말을 하였다.

17년 전 제가 초등학교에 다닐 때 미술시간에 크레파스를 가지고 오지 않았다고 선생님께서 꾸중하시고 매로 때렸다. 준비물을 여러 번 가지고 오지 못하자 선생님은 이런 말을 하셨다. "준비물을 가져 오라면 훔쳐서라도 가져와야 될 것 아니냐?" 그때부터 이 지존파 청년은 엇나가기로 마음먹고 자신이 원하는 돈을 얻기 위해 잘못된 행동을 하였다. 그때부터 물건을 훔치기 시작했고, 훔치는 것이 재미있었고 나중에는 습관이 되어 갔다. 도적질한 것이 내 운명을 이렇게 만들었다고 하였다.

얼마나 가슴 아픈 일인가? 선생님의 그 한마디가 그 청년의 일생을 바꿔놓은 것이다. 그때 만일 선생님이 그 지존파 청년의 마음을 위로하고 격려와 희망의 말을 해주었더라면 그 청년은 그 말의 힘으로 자신의 인생을 성장시켰을 것이다. 똑같은 선생님이지만 자신의 역할과 소명을 인식하여 말을 하는 선생님은 제자의 미래에 큰 빛을 던져준다. 우리는 각자 만나는 사람들에게 말의 위력을 제대로 실천해야 하겠다.

자기 마음 모니터링하기

나의 마음은 깨끗한가? 더러운가? 어제 있었던 감정의 찌꺼기가 남아 오늘의 삶을 방해하지는 않는가? 나는 나를 객관적 자세에서 바라본다. 멀리 보기, 가까이 보기, 중간위치에서 보기, 사진기의 줌 기능처럼 문제를 바라보는 관점을 새롭게 여러 각도에서 보자. 내 마음 확대해 보기, 고정하기, 멀리서 바라보기 그러면 내 마음의 문제에 분리하기, 하나 되기, 중립적 위치에서 보기 등 3가지가 가능해진다.

이렇게 자기의 문제를 객관적으로 보게 되면, 자신의 장단점을 알고 자신의 문제에 답이 보이기 시작하고 자신을 이해하는 만큼 타인을 이해하게 되어 깨어진 관계의 재구성이 가능해진다. 모든 관계, 즉 자녀, 부부, 동료 관계가 편안하고 안정되어간다. 이기적인 사람이 이타적인 관점을 갖게 되고 주관적인 사람이 객관적인 시각을 소유하게 되고, 자기중심적인 사람이 타인을 배려하게 된다.

자기 감식능력이 뛰어난 사람들의 특징은 무엇일까?

첫째, 상황에 맞게 자기 행동을 조절한다. 자기 감식능력을 가지고 이것을 활용하는 사람들은 분위기 파악을 잘한다. 20대에 자기 감식능력이 있는 여성은 결혼식장에 갈 때는 조금 화려하지만 신부의 들러리로서 알맞은 옷차림과 행동을 한다. 결혼식 상황에 맞는 적당히 화려한 옷을 선택하지만 신부보다 튀어서는 안 된다는 것을 아는 것이다. 이것을 모르고 오버한다면 예의가 아닌 것이다. 상황에 맞게 자기 행동을 세팅하는 것은 타인과 자신을 행복하게 해준다.

둘째, 상황이 기대하는 바에 따라서 행동한다. 자기 감식능력의 두 번째 요소는 타인의 기대에 자신의 행동을 맞추는 것이다. 자신이 신부 친구로서, 결혼식 피로연에서 노래 부를 차례가 되었는데도 음치라는 이유로 안 부르겠다고 완강히 버티면 분위기가 썰렁해진다. 이럴 때는 노래를 불러야 한다. 노래를 잘 부르면 사람들에게 감동의 여운을 준다. 그러나 못 부르더라도 최선을 다해 삑사리를 내면 사람들에게 우월감과 기쁨을 준다. 우리는 성악가와 가수도 원하지만, 우리를 즐겁게 해주는 개그맨도 사랑한다. 노래를 못하면 기꺼이 개그맨이 되라. 그러면 자신과 세상이 즐거워진다.

셋째, 직설적·노골적 감정표현을 자제한다. 내가 비록 부부싸움을 하고 친구 결혼식장의 하객으로 간다 해도, 결혼생활의 비참한 결과를 그대로 표현해서는 안 된다. 친구는 희망의 빛으로 가는데 빛을 가리는 안막 커튼을 칠 필요는 없다. 시간이 지나면 우리의 감정도 변한다. 그러니 기분이 좋지 않더라도 직설적이고 노골적 감정표현을 자제하고 설탕을 발라 표현하라. 긍정의 상황은 직설적, 노골적으로 하고, 부정의 상황은 꿀을 발라 부드럽게 표현하라. 인생이 달라진다.

넷째, 비언어적 의사소통의 파악능력과 전달능력이 뛰어나다. 친구

의 결혼식에 가서 친구의 하얀 웨딩드레스를 보고 무언으로 감동의
표현을 해보라. 때로는 침묵이 더 많은 것을 표현해준다. 그동안의 우
정과 많은 시간을 함께한 것을 그윽한 눈동자와 손길, 신뢰의 포옹으
로 표현해보라. 감동 그 자체이다.

다섯째, 공감능력이 뛰어나다. 공감능력이란 상대방의 감정을 인식
하고 함께 느끼고, 그것을 적절하게 표현할 줄 아는 능력이다. 결혼식
에서는 희비가 교차한다. 공감능력이 뛰어난 사람은 타인의 정서를
잘 인지해서 자기 뇌의 거울신경을 통해 타인의 정서를 느끼고 그것
을 표현한다. 그러므로 주인공 부모님의 서운한 마음을 함께 느끼며
결혼당사자를 대신하여 부모님을 위로할 수 있다.

크게 웃어라

일본에서 세금을 많이 내는 부자에 관한 일화가 있다. 그 부자인 싸이토 히모리에게 어느날 기자가 질문을 던졌다.

"선생님께서는 어떻게 그렇게 큰 부자가 되셨습니까? 부자 비법을 가지고 계시는지요?"

그러자 사이토 히모리가 말했다.

"부자가 되려면 운이 좋아야 합니다."

"운이 좋아지려면 어떻게 해야 하나요?"

"행복해야 합니다. 행복해지고 싶으면 많이 웃으면 됩니다."

그렇다. 보통사람들은 좋은 일이 생기고, 웃을 일이 생겨야 희미하게 웃는다. 그런데 성공한 사람들의 공통점 중 하나는 먼저 웃으니까 좋은 일이 생긴다는 것이다.

우리는 웃을 때 여자가 잇몸을 보이며 웃는 것은 경망스럽다고 느끼거나 남자가 너무 많이 웃으면 싱겁다는 편견을 가지고 있다. 우리는 이런 사고로부터 발상의 전환을 가지고 먼저 크게 웃어야 한다. 큰소리로 웃다 보면 자신도 모르게 자신감이 안에서부터 차오르는 것을 느끼게 된다. 우리는 가끔 세상의 가치와 남의 잣대로 자신을 점수 매기게 된다. 자신감은 어디에서 나오는 것일까?

자신감은 '나는 할 수 있다'는 자기 능력에 대한 자기인식이다. 자신감은 주로 과거에 자신이 이룬 성공 경험, 주위 친구들의 성공과 실패를 관찰하면서, 자신에게 의미 있는 사람들의 칭찬과 격려로 생기게 된다. 작은 성공이라도 많이 했다면 그 사람은 자신감이 높을 것이다. 그러나 과거에 실패한 경험이 많다면 학습된 무력감 때문에 자신감이 없고 의기소침해질 수 있다.

자신감이 없고 힘들 때, 우리는 선택해야 한다. 계속 의기소침하며 상황에 지배될 것인가 아니면 내가 상황의 주인이 될 것인가? 능동적인 자기 결정을 통해 우리는 상황에 주인이 되어야 하지 않을까?

그렇다면 더욱 크게 웃어야 한다. '으하하하'로 근심 걱정을 날려 버려야 한다. 근심 걱정이 크다면 웃음소리는 근심 걱정에 비례해서 더욱 크게 웃어야 한다.

우리의 얼굴 표정은 뇌의 신경회로와 연결되어 있다. 뇌의 신경세포는 동화 알라딘에서 알라딘이 반지를 세 번 문지르면 나오는 지니이다.

"주인님, 명령만 내리십시오."

지니는 우리의 얼굴 표정에 맞는 호르몬을 내보낸다. 우리가 웃을 때 우리의 뇌는 천사의 호르몬인 엔도르핀, 엔케팔린을 내보낸다. 우리는 이 호르몬의 영향으로 몸과 마음이 건강해지고 행동도 적극적이고 자신감 있게 활동할 수 있다. 우리의 몸과 마음은 연결되어 있다. 얼굴 표정을 밝게 하고 큰소리로 웃으면 자신감을 얻을 수 있다.

우리의 입은 복을 담는 항아리이다. 항아리 뚜껑이 덮여 있으면 복을 담을 수가 없다. 항아리 뚜껑을 열어야 복을 받을 수 있다. 미래에 운이 좋아지고, 팔자가 좋아지려면 입꼬리를 올려야 한다.

관상학은 과학이다. 우리의 얼굴은 마음의 얼로서 우리의 생각을 담고 있다. 우리의 생각은 보이지 않는다. 그러나 우리는 그 사람의 얼굴 표정으로 그 사람의 자신감 점수를 알 수 있다. 얼굴 표정을 자신감 있게 만드는 일은 아주 단순하고 쉽다. 그냥 자연스럽게 웃으면 된다. 자, 거울을 보고 웃어보자. 치즈, 김치, 굿모닝, 으하하하. 필자는 특히 으하하하 하고 웃는 장군 웃음법이 좋다. 왠지 장군처럼 마음이 넓어지고 자신감이 커지는 느낌이 든다.

으하하하 자신감, 자신을 굳게 신뢰하자(위 캔 두 잇).

울적한 감정일 때
경쾌한 음악을 듣는다

　사람들은 흥겹거나 기쁠 때의 정서적 표현으로 노래를 흥얼거린다.
이는 의식적으로 이루어지는 행동일 경우도 있지만 대부분 자신도
모르게 무의식적으로 노래를 흥얼거린다. 이처럼 노래 부르기는 매우
자연스럽고 일반적인 현상으로 우리 일상생활과 밀접하게 연결되어
있다. 음악 듣기는 언어로 된 노랫말을 통해 언어능력과 언어적 표현
능력도 증진되며 무엇보다도 자신의 생각과 감정을 표현하는 가장
자연스러운 수단이 되어 정서적 안정감에 많은 기여를 한다.

　얼마 전에 수필집을 읽다가 흥미 있는 사실을 알게 되었다. 가수가
부르는 노랫말이 그 가수의 인생이 된다는 것이다. 즐겁고 신나는 가
사의 노래를 부르면 그 가수의 인생도 짠하고 펼쳐지지만, 비관적이
고 염세적인 노래를 부른 가수들은 노랫말대로 불운한 삶을 살더라
는 이야기다. 가수들이 자신의 노래를 보통 4,000번 이상 부른다고 한
다. 그러면 그 노래 가사는 그(그녀)의 내면 구석구석에 깊이 각인된

다. 그래서 감정과 행동에도 영향을 미치지 않았을까?

우울하고 비관적인 사람들은 대부분 3가지 연결고리를 형성하는데 비관적인 생각, 울적한 감정과 위축되고 기죽은 행동을 보인다. 사람은 사고, 감정, 행동이 연결되어 있기 때문에 연결고리를 하나만 바꾸어도 비관적이고 우울한 인지를 변화시킬 수 있다.

우울하고 비관적인 사람들 대부분 어둡고 슬픈 음악을 많이 듣는다. 음악은 우리의 감정과 밀접한 영향을 주고받는다. 영화에서도 음향으로 특수효과를 내지 않는가? 음악을 들으면서 나의 내적 상태를 변화시키는 과정은 영화의 특수효과와 같은 일이다. 특수효과는 원하는 결과를 얻기 위해 관객이 보고 듣는 것을 조작한다. 화면을 어둡게 만들고 음향을 갑자기 크게 하여 관객을 놀라게 한다. 또는 관객을 감동하게 하려면 음악과 조명 등으로 특수음향효과를 사용한다.

필자가 아는 어떤 비관적인 여인은 자신의 분위기를 고독하게 만들고 싶어 의도적으로 슬픈 음악만을 듣기 원한다. 만약 자신이 울적한 감정이라면 조용하고 느린 곡과 서글프고 후회되는 가사의 노래는 피하는 것이 좋다. 자신의 울적한 감정을 바꿔줄 신나고 경쾌한 음악을 듣는다면 자신의 감정은 반전될 것이다. 어떤 음악이 어떤 효과를 유발하는지 정리해보자.

음악의 효과는 대체로 두 가지로 나누게 된다. 하나는 동질의 원리이고 또 다른 하나는 이질의 원리가 있다. 필자는 대체로 이질의 원리를 선호한다. 정신적 템포와 감정에 맞는 음악을 들을 때도 있지만 이질적인 원리로 슬플 때 기쁨을 유발하는 음악을 듣고, 흥분될 때는 차분한 음악을 듣는 것이다.

우리의 감정은 그냥 내버려두면 내적인 평안과 기쁨을 유발하기보다는 지금까지 방식으로 부정적으로 흘러가기 쉽다. 그래서 우리는 중력의 법칙에 의한 피부 처짐을 방지하기 위해 각종 마사지나 기능성 화장품을 바르는 것처럼 우리의 기분이나 인지를 바꿔줄 음악이 필요한 것이다. 자기만의 경쾌하고 신나는 음악CD를 만들어보자. 필자가 자주 듣는 노래는 신나는 댄스곡들과 희망을 전하는 가사가 있는 노래이다. 인순이의 <거위의 꿈>은 1,000번 이상 듣는 곡이다. 특히 조용할 때 명상하듯 가사를 음미하면 가사내용이 자신의 잠재력에 깊숙이 침투한다. 자신을 움직이는 힘은 의식인가, 무의식인가? 무의식에 희망적인 내용의 가사를 각인시켜 놓자. 인생이 활짝 열릴 것이다.

<거위의 꿈> - 인순이

난, 난 꿈이 있었죠.
버려지고 찢겨 남루하여도
내 가슴 깊숙이 보물과 같이 간직했던 꿈.
혹 때론 누군가가 뜻 모를 비웃음
내 등 뒤에 흘릴 때도 난 참아야 했죠.
참을 수 있었죠.
그날을 위해 늘 걱정하듯 말하죠.
헛된 꿈은 독이라고 세상은 끝이 정해진 책처럼
이미 돌이킬 수 없는 현실이라고.
그래요, 난, 난 꿈이 있어요. 그 꿈을 믿어요.
나를 지켜봐요.
저 차갑게 서 있는 운명이란 벽 앞에
당당히 마주칠 수 있어요.
언젠가 난 그 벽을 넘고서
저 하늘을 높이 날 수 있어요.
이 무거운 세상도 나를 묶을 순 없죠.
내 삶의 끝에서 난 웃을 그날을 함께해요.

늘 걱정하듯 말하죠. 헛된 꿈은 독이라고
세상은 끝이 정해진 책처럼 이미 돌이킬 수 없는 현실이라고.
그래요, 난, 난 꿈이 있어요. 그 꿈을 믿어요.
나를 지켜봐요.
저 차갑게 서 있는 운명이란 벽 앞에
당당히 마주칠 수 있어요.
언젠가 나 그 벽을 넘고서
저 하늘을 높이 나를 수 있어요.
이 무거운 세상도 나를 묶을 순 없죠.
내 삶의 끝에서 난 웃을 그날을 함께해요.

기분전환에 좋은 음악	운명 교향곡, 웃다보니, 행복해요
마음 청소에 좋은 음악	타레가의 눈물, 공주는 잠 못 들고
목표를 집중할 때 좋은 음악	신세계 교향곡, 사자왕의 행진(생상)
꿈을 이루게 해주는 좋은 음악	거위의 꿈, 백조(생상)
동심의 마음을 회복하기 좋은 음악	즐거운 농부, 아기 코끼리 걸음마, 아기돼지 삼형제

비관적인 생각에서 벗어나 낙관적인 생각을 한다

사람은 살다 보면 다양한 일들을 경험하게 된다. 좋은 일만 만나면 좋겠지만 우리 인생은 그렇기 때문이 아니라 그럼에도 불구하고 살아가는 것이다. 착한 사람이 착한 일을 해도 안 좋은 결과를 얻기도 하고 나쁜 사람이 나쁜 동기와 의도를 가지고 한 일도 좋은(세상이 부러워하는) 결과를 얻기도 한다.

그러나 삶은 끝까지 가봐야 안다. 우리는 이런 상황에서 여기에 좀 더 적극적으로 개입할 필요가 있다. 객관적으로 안 좋은 상황이라도 자기 자신이 좋은 쪽으로 해석해서 의미화하는 작업이 필요하다. 왜냐하면 넘어진다 할지라도 그 넘어짐에서 우리는 일어나는 방법을 배울 수 있으므로…… 자신의 실패를 교훈으로 남길 수 있고 그와 똑같은 실수를 다시 반복하지 않으면 우리는 그 실패를 나의 자산과 발판으로 만들 수 있다.

예를 들어 한 영업사원이 물건을 한 사람에게 파는 상황에서 물건을 사는 것을 거절할 경우 비관적인 사람은 손님이 그 시간에 거절한 것을 영원히 지속될 것이라고 믿는다. 낙관적인 영업사원은 그 손님이 그날의 기분이나 사정에 의해 거절한 것이므로 다음에 물건을 팔 때는 사줄 것이라고 생각한다. 비관적인 영업사원은 한 손님에게 판매를 거절당한 것을 다른 손님들도 모두 나의 물건을 사는 것을 거절할 것이라고 원인의 전반성 문제를 확대 재생산한다. 그리고 판매 거절의 원인을 누구 탓으로 돌리는가에 대한 질문도 다르게 해석한다. 낙관적인 영업사원은 물건 판매에 거절당하는 것을 많은 영업사원들에게 대부분 있을 수 있는 일이라고 생각하는 반면 비관적인 영업사원은 자신이 너무 재능이 없거나 능력이 없다고 어둡게 생각한다.

우리는 자신이 원하지 않는 현실을 만나면 대부분 내 자신보다 환경이 변화하기를 소망한다. 그러나 타인과 세상(환경)은 우리를 위해서 변화하지 않는다. 결국 우리는 우리 마음을 변화시켜야 한다. 진정한 내적 힘은 자기 변화와 세상을 보는 신사고(발상의 전환)가 자신이 원하는 결과를 만들어내는 것이다. 이러한 내적인 힘을 키우기 위해서 우리는 먼저 부정적인 반복적 생각(반추적 사고)에서 벗어나 낙관적인 사고로 전환해야 한다.

우리 마음은 자동차의 자동변속기 장치와 같다. 전진기어와 후진기어가 있듯이 낙관의 기어와 비관의 기어가 있다. 문제는 우리가 낙관의 기어로 전진해야 함에도 불구하고 후진기어인 비관의 기어를 너무 자주 사용한다는 것이다.

중립적 사건의 해석으로 낙관을 선택하고 낙관적인 생각, 말, 행동을 하게 되면 우리 뇌에 서서히 조금씩 각인되어 낙관적인 경험들의 연결이 실선에서 밧줄처럼 굵어지기 마련이다. 무엇이든 처음 할 때가 어렵다. 처음에 결정한 낙관은 낙관의 경험 하나에 하나의 정보만 뉴런에 저장되지만 낙관의 경험이 축척되면 뉴런과 뉴런의 연결이 일어난다. 앞 뉴런 축색말단과 뒤 뉴런의 수상돌기가 서로 접속하며 연접구조가 형성된다. 이 연접구조를 시냅스라고 명명한다.

낙관적인 사람은 보다 많은 긍정적인 정보가 시냅스를 이루고, 비관적인 사람은 부정적인 정보가 시냅스를 보다 많이 이루고 있다고 볼 수 있다. 사람의 행동이 낙관과 비관, 긍정과 부정의 차이는 바로 시냅스 형성의 차이에 있다. 당신의 자아는 뇌 속 뉴런의 상호연결 패턴을 행동으로 보여주는 것에 불과하다.

여러분은 낙관적인 여성하면 누가 제일 먼저 떠오르는가? 필자는 마가렛 미첼 여사의 『바람과 함께 사라지다』 주인공 스칼렛 오하라가 떠오른다.

그녀는 목적을 위해 수단을 가리지 않고, 인생이 실수투성이였지만 언제나 자신감과 당당함 그리고 딸의 낙마사고에 이어 사랑하는 남편마저 떠난 상황에서도 끝까지 낙관적 사고와 행동 그리고 낙관적인 말을 내뱉지 않았던가? 내일은 또 내일의 해가 뜨는 법이니까. 스칼릿 오하라처럼 어두운 상황일지라도 우리는 마음만 먹으면 행복을 선택할 수 있다. 아무리 암흑 같은 상황이라도 우리 마음은 어쩌지 못한다. 우리 마음은 언제든 낙관과 행복을 선택할 수 있다. 구름이 태양에

비비안 리

가려 있을지라도 구름 너머 태양이 있음을 나는 믿노라고.

〈비관주의와 낙관주의의 차이점〉

선행사건	비관주의	낙관주의
남편의 잔소리	매일 잔소리야	늦었더니 잔소리하네
상사의 지적	성질이 더러워서	오늘은 기분이 안 좋은가 봐
요청 거절에서	남자들은 날 싫어해	그는 날 싫어해
후배가 인사 안 할 때	후배들이 버릇이 없어	영수는 인사예절이 없어
발표불안	난 너무 발표를 못해	발표할 때 떨리는 건 당연해
시험에서 떨어졌을 때	난 능력이 없어	다시 도전해보자

긍정적인 사람들은 배움에도 열려 있다

공자가 아끼는 제자 자로에게 이런 말을 해주었다. 여섯 가지 말과
여섯 가지 폐단에 대한 이야기였다.

> 인덕을 좋아하되 배움을 좋아하지 않으면 그 폐단은 사람들에게
> 우롱당하는 것이고, 지혜로움을 좋아하되 배움을 좋아하지 않으면
> 그 폐단은 방탕해지는 것이고, 성실함을 좋아하되 배움을 좋아하지
> 않으면 그 폐단을 남에게 이용당해 스스로를 헤치게 되는 것이고,
> 솔직함을 좋아하되 배움을 좋아하지 않으면 그 폐단은 말이 날카
> 로워 말의 마음을 아프게 하는 것이고, 용감함을 좋아하되 배움을
> 좋아하지 않으면 그 폐단은 난을 일으켜 화를 자초하는 것이고, 강
> 함을 좋아하되 배움을 좋아하지 않으면 그 폐단은 망령되게 행동
> 하는 것이다.

배움에 소홀한 자는 무지한 자이다. 무지한 자는 무식한 사람이다.
무지는 만병의 근원으로 아무리 좋은 미덕도 폐단을 낳게 된다. 그러
므로 사람은 자신을 갈고 닦는 배움을 게을리 해서는 안 됨을 역설하
고 있다.

인간으로서 인식에 대한 열망은 사회생활에 성공적인 적응을 도와줄 뿐만 아니라 자신을 돌아보고 성찰하게 만드는 자기 수양의 길로 인도해준다.

인간이란 무엇인가? 뒤돌아보면서 반성하고 미래를 계획하면서 오늘을 온전히 살아가는 존재이다. 앎에 대한 열망이 있는 사람은 시간의 귀중함을 아는 사람이다. 앎에 대한 방법과 접근은 다양하겠지만 그 여행을 멈추어서는 삶의 진보도 없을 것이다.

심리학자 에릭슨은 인간의 발달은 노년기까지 지속적으로 일어난다고 하였다. 물론 신체적·육체적인 성장은 20대 초반에 멈추겠지만 인간의 정신적 앎과 성장은 노년기까지 자신이 목표한 곳까지 쭉 성장과 발전을 거듭해나간다.

현대는 정보화 사회로 누구나 배움의 의지만 있다면 책으로부터 전문지식이나 상식도 쌓을 수 있는 것이다. 배움에 대해 열린 마음과 시각을 가지고 있는 것이 중요하다. 서양의 올빼미가 현명함을 상징하는데 그 현명함을 상징할 수 있는 것은 열린 시각과 밀접한 관계가 있다. 보통사람도 배움에 열린 몸과 마음을 가지려면 독서습관을 갖고, 정기적인 강연에 참여하고, 차 속에서 오디오를 듣는 태도를 지녀야 한다. 정신의 무의미함과 혼란을 피하고 정신집중을 하기 위한 방법으로 독서, 세미나 참여, 오디오 강연듣기만큼 좋은 것은 없다.

독서하는 습관으로 자신의 삶을 변화시킨 사람은 너무나 많다. 자신의 삶을 성장시키고 변화시키고 싶다면 그 답을 책에서 찾아보자. 무한한 영감과 삶의 문제를 해결할 수 있는 방법의 보물창고가 바로 책 속에 있다. 독서의 부가가치는 서서히 나타나기 때문에 정신적 진보가 며칠 몇 달 만에 나타나지 않을 수도 있지만 꾸준히 하다 보면 지각의 지평이 넓어지기 마련이다.

　마치 콩나물이 성장하는 것처럼 처음에는 콩나물시루에 물을 부으면 물이 아래로 빠져나가는 것처럼 보이지만 시간이 흐르면 어느새 콩나물이 알게 모르게 성장하는 것을 볼 수 있다. 책을 읽는 습관도 이와 다르지 않다. 독서하는 습관이 몸에 배기까지 힘들 경우도 있다. 하루에 몇 장이라도 꾸준히 읽게 되면 언어지능이 높아지게 마련이다. 언어는 말하기, 읽기, 쓰기, 듣기가 있는데 읽기가 어려우면 듣기, 즉 '이학'에서 출발하는 것이 좋다. 조금이라도 좋으니 하루일과 중에 독서하는 중요한 일을 빼먹지 말자.

제4부

긍정 멘토들

시어도어 루스벨트

　미국의 26대 대통령인 '시어도어 루스벨트'의 닉네임은 '테디'이다. 시어도어 루스벨트는 하버드대학교 4학년 때 운명의 여인을 만나서 첫사랑에 빠졌다. 그는 대학을 졸업하자마자 첫사랑의 여인과 결혼하고 행복하게 살았다. 그는 뉴욕 주 주의원으로 활동 중이었다. 그런데 아내가 첫딸을 낳고 이틀 후 세상을 떠났다. 설상가상으로 어머니마저 같은 날 돌아가셨다. 아내와 어머니를 한꺼번에 잃고 갓난아기만을 데리고 살아갈 생각을 하니 암담하기만 하였다. 생에 대한 의욕을 상실하고 정치계에서도 떠났다. 그러나 어릴 때부터 알고 지내던 여인과 재혼하고 다시 정치계에 복귀하여 대통령의 자리까지 오르게 된다.

　대통령이 된 후, 어느 날 사냥을 나갔다가 나무 위에 있는 어미 잃은 아기 곰을 발견하게 된다. 그는 귀여운 아기 곰을 총으로 쏠 수 없어 백악관으로 데리고 온다. 이 이야기는 신문의 삽화를 통해 알려지게 된다. 신문의 삽화를 보고 감동을 받은 장난감 가게를 운영하던 부부가 작은 곰 인형을 만들었다. 스토리가 있는 '곰 인형'은 불티나게 팔렸다. 그 부부는 곰 인형들을 '테디 베어'라고 불러도 좋을지 대통령에게 승낙을 얻었다.

루주벨트는 아기 곰을 보는 순간 지난날 자신의 고난을 떠올렸을 것이다. 아내와 어머니를 한꺼번에 잃고 갓난아기와 함께 남겨졌다. 그는 지아비의 슬픔, 아비의 비애, 어미 잃은 자식의 슬픔을 한꺼번에 감당해야만 했다. 그는 그것을 자신의 내면에 새겨 고난을 통해 성숙한 인격을 만들었다. 그의 슬픔은 인고의 세월을 거쳐 공감능력으로 재생산되었다. 동물에 대한 연민과 사랑이 지극하였던 그는 인간에 대한 사랑 또한 깊었다. 그의 생애 업적을 보면 그것들과 조우할 수 있는 것이다. 인간으로서 고난은 정도의 차이는 있을지언정 아주 피해갈 수는 없다. 그렇다면 적극적으로 고난이 나에게 주는 의미를 찾아보면 어떨까? 니체는 이런 말을 했다. '왜 살아야 하는지 이유를 아는 사람은 어떠한 상황에서도 견딜 수 있다.' 지금 고난과 직면하고 있다면 니체의 말을 떠올렸으면 한다. 나의 고난으로 나의 모난 부분이 다듬어지고 있지 않을까?

필자도 20대에는 참으로 무지해서 용감했다. 남의 아픔을 공감해주기는커녕 타인의 삶에 무관심했다. 아버지의 사망, 실연, 동업의 실패, 시집살이 등을 거치면서 겸손함을 배우게 되었다. 타인의 아픔을 진심으로 공감하게 되었다. 이제야 자아의 모난 부분이 조금이나마 다듬어지고 있다. 만일 승승장구 성공만 했다면, 타인에게 "이것도 못하냐?" 하면서 밀어붙이기만 했을 것이다. '인생의 눈물'이 없었다면 타인의 아픈 마음을 알 수 없을 것이다. 고난은 위대한 성격을 만드는 재료이다. 고난은 위대한 인물을 만드는 '신의 선물'이다.

열등의식과 보상

고대 그리스에 작은 소년이 있었다. 소년의 아버지는 수공업을 하는 부유한 사람이었다. 소년은 태어날 때부터 폐가 약해 긴 음절이나, 문장은 한 번에 말하기가 어려워 말하는 중간에 여러 번 쉬었다가 말을 하곤 하였다. 게다가 지독한 말더듬이었다. 이로 인해 부모는 소년을 과잉보호하였다. 소년을 애지중지 사랑해주던 부모님은 소년이 일곱 살때 돌아가셨고, 설상가상으로 유산은 후견인이 가로채버렸다.

그는 성인이 된 후 후견인이 가로챈 유산을 되찾기 위해 그 당시에 유명한 웅변가 이사이오스의 제자가 되었다. 수사법을 배워 후견인을 상대로 한 재판에서 이기게 되었고, 이 유명세로 웅변교수로 변신하고 정치가로서 발돋움하게 된다.

그는 지독한 말더듬이였던 자신을 혹독하게 훈련했다. 발음교정을 위해서 입 속에 작은 조약돌을 넣고 말하는 연습을 했고, 약한 폐를 단련하여 호흡량을 길게 유지하기 위한 방법으로 그는 가파른 언덕

을 오르내렸으며, 자연스러운 제스처를 위해서 거울을 보고 자신을
단련했다. 무의식적으로 어깨를 추켜세우는 나쁜 습관을 수정하기 위
해서는 예리한 칼날에 올라서서 연습하였다. 또한 자신이 원하는 연
설문을 쓰기 위해 역사가 세지데이지의 책을 여덟 번이나 필사하였
으며 이때 밖으로 나가고 싶은 욕구를 누르기 위해 머리와 수염을 반
쪽만 깎았다고 한다. 이 사람은 바로 고대 그리스의 최고 웅변가였던
데모스데네스이다.

　　모든 사람은 누구나 정도의 차이는 있지만 열등의식을 가지고 있
고 심할 경우는 신경증이 되기 쉽다. 열등감을 느끼는 요인은 사람마
다 다양하다. 신체기관일 수도 있고, 모자라는 능력, 비적응적인 성격
등이 있다. 삶이란 열등의식의 극복과정이다. 비교적 건강한 사람은
목표지향적이며, 자신을 완성하려는 동기를 가지고 있다. 자신의 열
등감을 긍정적으로 바라보게 되면 변화할 수 있는 계기가 된다. 그러
려면 자신을 정확히 인식해야 한다. 그 인식과정은 고통스럽고 자신
을 힘들게 할 수도 있다. 그러나 용기 있게 직면하면 열등감을 극복
할 수 있다. 열등감은 특별한 영역으로 노력하면 상당히 개선이 가능
하다. 그런데 보통사람들은 한 가지가 열등하면 자신의 전반적인 상
황으로 일반화시키려는 경향이 있다. 열등감을 그대로 놓아두면 방어
기제가 작동한다. 문제의 원인을 자신에게 발견하지 않으면 타인에게
그 원인을 찾으려 한다. 시기, 미움, 질투는 열등감의 또 다른 이름이
다. 열등감이라는 재료를 잘 사용하면 완전성에 이르게 되고, 이를 잘
사용하지 못하면 굴욕으로까지 이어진다. 열등감을 보상받고 극복하
려는 노력은 패배와 굴욕에 대항하는 안전조치인 것이다. 마음의 안
정감을 갖고 열등감에 함몰되지 않으려면 이를 극복하여 지배하는

것이 중요하다.

자, 여러분은 어떤 종류의 열등감을 가지고 있는가? 필자는 3가지의 열등감을 가지고 있다. 신체기관 열등은 검은 피부색, 지적으로는 지능이 높지 않은 것, 심리적으로는 자존감 부족이었다. 검은 피부색은 노력해도 바꾸는 것이 불가능하므로 '검은 피부는 매력적이다'로 사고를 전환했고, 지능이 높지 않으므로 평생 공부하는 목표를 정했고, 심리적으로는 긍정적인 사고로 전환하는 훈련을 하고 있다.

마돈나의 **신체적 자존감**을 높여준
선생님의 **말 한마디**

　진 랜드럼의 『성공하는 여성들의 심리학』을 보면 자신의 분야에
성공한 여성들은 자신의 가치를 알아주고 이해해주는 마음에 새긴
말이 있어 평생 방향성을 설정해주는 것을 볼 수 있다. 누구나 자신
의 인생에서 잊히지 않는 자신의 가치를 알아주는 의미심장한 말을
해주는 사람을 만나게 된다.

　그 말은 마음속에서 인생의 어둠을 밝혀주는 찬란한 등불이 되어
준다. 그런 말을 해주는 사람은 자신을 낳아준 부모님일 수도 있고,
자신의 장점을 알아주는 선생님일 수도 있고, 우정을 나누는 친구나
선배일 수도 있다. 마돈나도 중요한 타인을 만났다. 자신의 가치와 장
점을 콕 발견해주는 사람을 만났다.

　마돈나가 14살이 되었을 때 마돈나는 긍정적인 심미안을 소유한
무용교사인 그리스토퍼 플린 선생님을 만난다. 마돈나가 자아정체성
을 형성해나가는 청소년기에 자신이 어떤 재능을 가지고 있는지, 자

신의 외모는 어떤지 혼란스러웠던 시기였다. 처음 마돈나를 만나는 순간 플린 선생님은 마돈나를 보고 이런 말을 하였다.

"세상에, 이렇게 아름다울 수가! 네 얼굴은 마치 고대 로마의 신상 같아."

이 말을 들은 마돈나는 이전의 마돈나가 아니었다. 이 말을 듣기 전에 마돈나는 자신을 인정할 수 없고 자신에 대한 자존감이 없어 자신을 수용하거나 이해할 수 없는 상황이었다. 그러나 플린 선생님의 말은 마돈나의 마음속에, 잠재의식 속에 깊이 각인되었고 자신의 재능은 선천적으로 타고났기에 이제는 노력만 하면 성공은 가능하다고 믿게 된 것이다. 플린 선생님의 칭찬은 마돈나의 가능성과 잠재력에 불을 지피는 계기가 되었다.

마돈나는 플린 선생님을 정신적으로 해바라기하게 된다. 자신의 진정한 가치를 알아주는 단 한 사람으로 인해 그녀의 신체적 자존감은 급상승하였다. 청소년기에는 자신의 외모나 신체에 민감하다. 더구나 연예인이 꿈인 마돈나에게 신체적인 외모는 중요한 부분이었다. 마돈나가 신체적으로 우월감을 가질 수 있도록 자신의 외모를 고대의 조각상에 비유해준 선생님의 말은 절대적으로 받아들일 만했다. 마돈나는 선생님의 말을 의심하지 않았다. 선생님의 칭찬의 말을 자신의 인생의 지렛대로 이용했다. 아름다운 외모라는 것은 시대와 역사에 따라 절대기준이 없고 다분히 상대적이다. 플린 선생님은 긍정의 마음으로 제자를 바라보았다. 어쩌면 마돈나가 눈에 띄게 예쁜 면이 없고, 개성적인 얼굴이기에 달리 표현할 길이 없어 미화시켰는지도 모른다. 마돈나의 얼굴은 객관적인 시각에서 보면 타고난 얼굴이라기보다는 자신감으로 인해 만들어진 개성적인 얼굴이 아닌가?

마돈나는 그런 플린 선생님의 말에 감전된 듯하다. 마돈나의 이후에 활동이 그것을 증명해주지 않는가? 1990년 10월 플린 선생님은 에이즈로 인해 죽게 된다. 마돈나는 플린 선생님의 병원비를 모두 부담한다. 그리고 플린 선생님의 장례식에 참석해 추도문을 낭독한다. 자신의 가치와 장점을 발견해준 선생님의 말 한마디는 순간에서 영원으로 마돈나의 가수로서 삶 중심에 관류하는 자신감의 원천이 되었다.

당신은 그런 사람을 가지고 있는가? 그렇다면 당신은 행복한 사람이다. 그리고 이제는 다른 사람의 가치를 읽어주고 긍정적인 칭찬을 시도해보자.

아름다운 만남-정약용과 황상

　정약용(1762~1836)은 신유박해에 연루되어 장기로 귀양 갔다가 다시 강진으로 유배된다. 나라에 죄를 지은 몸이라 사람들은 피하고 관청에서도 유할 곳을 알아봐주지 않는다. 정약용은 가까스로 거처를 마련하였는데, 주막의 작은 방이었다. 그곳에서 정약용은 그의 첫 번째 제자 황상을 만나게 된다.

　황상은 스스로 낮은 자아개념을 가지고 있었다. 하지만 정약용의 의미 있는 긍정의 말 한마디로 황상은 변화되어 자기 스스로를 가치 있게 여기게 된다. 훗날 황상은 추사 김정희가 극찬하는 여러 편의 시를 남기게 된다.

　황상의 아버지는 고을 관청의 아전이었다. 아전의 자녀인 황상은 열다섯이 되도록 글을 배우지 못하고 있었다. 글을 모르는 황상이었지만, 시의 재료가 될 수 있는 감수성은 뛰어나 자연 만물을 글로 그려내려는 욕구가 가슴속에서 옹달샘처럼 솟아올라 왔다. 황상은 이상

적 자기와 현실적 자기와의 괴리로 인하여 괴로웠다. 그 욕구는 누르면 누를수록 커다란 눈덩이처럼 커져만 갔다. 어느 날 황상은 한양에서 귀양 온 지체 높은 양반이 아이들에게 글을 가르쳐준다는 소식을 듣게 된다. 황상은 한달음에 주막으로 간다. 차마 안으로 들어가지 못하고 주저하고 있는 그에게 안에서 부르는 소리가 들린다.

"들어와 뒤에 앉거라."

무지의 어둠 속에서 허우적거리는 자신을 앎의 세계로 끌어올려주는 목소리에 그는 감사했다. 소년은 스승의 말 하나하나를 가슴속에 아로새겼다. 스승은 소년의 바른 됨됨이를 알게 되고 글 배우는 것으로 족하지 말고 학문에 발을 들이라고 제안한다.

"생각이 남다른 아이에게는 문사가 제격이지. 한번 배워볼 테냐?"

소년 황상은 스승에게 자신이 문사의 자질이 없음을 설명하고 결점 세 가지를 들어 과분한 말씀이라고 한다. 첫째는 둔하고 둘째는 앞뒤도 꽉 막히고 셋째는 어리석어 다들 답답하게 여긴다는 것이었다.

스승은 진지하면서도 온화한 얼굴로 이렇게 말하는 것이었다.

"결점이라…… 배우는 자에게 흔한 결점이 네게는 없는 듯하구나. 기억력이 뛰어나면 그걸 믿고 배움을 소홀히 하게 되고, 글재주가 좋으면 글이 들뜨기 쉽고, 이해력이 높으면 배움의 깊이가 얕아지기도 하는데 너는 그러한 결점이 하나도 없구나."

그리고 스승은 덧붙여 말했다. "정진하고, 정진하고, 또 정진하여라."

황상에게 있어 스승 정약용은 그 당시 정신적 지주와도 같은 큰 정신이었다. 이성적 통찰력을 가지고 있는 스승에게 자신의 가치를 인정받았으니 그 말은 왼쪽 귀에서 오른쪽 귀로 통과하는 그냥 말이 아니었다. 그날 황상은 인생의 터닝 포인트가 되는 말을 들었다. 자기를 알아주는 말을 잠재의식에 깊이 각인시켰다.

인간의 사고는 4단계를 거치면서 깊어지고 넓어진다고 헤겔은 말한다. 의식에서 의식의 확장이 일어나는 자기의식이 생성되고 자기의식에서 이성으로 발전되고 이성에서 정신으로 완성된다. 스승 정약용의 사고의 크기는 이미 정신에 가까웠다. 황상은 사고의 수준이 어린 싹에 불과했는데 정약용은 그의 미래를 긍정적으로 예측해주었다.

심리학에는 '피그말리온 효과'라는 말이 있다. 스승의 기대와 격려 속에 자란 아이들은 자신의 능력의 한계를 뛰어넘어 계속 성장하는 것을 말한다. 스승의 관심이 제자에게 긍정정인 영향을 미치고 존중과 기대에 부응하는 쪽으로 변하고 노력하는 것이다. 나에게 중요하고 의미 있는 사람의 말 한마디는 나의 인생에 빛과도 같다. 어두운 밤길에 작고 미세한 빛 하나만 있어도 그 사람은 자기의 길을 잃어버리지 않는다

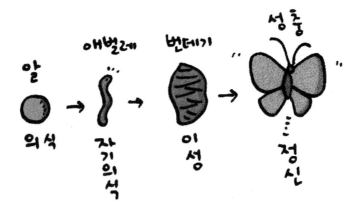

헤겔, 『의식의 확장』

아름다운 실연

　지난여름 '과 커플'이었던 제자 둘이 필자를 찾아왔다.

　"선생님, 점심 사주세요."

　20대 커플이 어찌나 귀엽고 싱그럽던지 파릇파릇한 여름나무를 보는 듯했다. 그들의 사랑에너지로 그날은 필자까지 20대의 첫사랑으로 돌아간 기분이었다. 필자는 돼지갈비를 사주고는 아름다운 사랑 예쁘게 가꾸어 가라고 축복하면서 헤어졌다.

　그런데 이번 겨울에는 Y제자가 초췌한 얼굴로 혼자서 필자를 찾아왔다. 남자친구와 헤어지게 되었다며 너무 힘들다고 했다. 함께한 3년 시간만큼 헤어진 지금 그만큼에 증오와 미움이 쌓인다는 것이었다.

　필자는 Y의 평소 마음 씀씀이와 품행을 알기에 여린 성격에 얼마나 힘들까 마음이 너무나 찡했다. 필자 또한 사랑의 상처를 아물게 하려 얼마나 힘든 세월을 보냈는지 알기에…… 연민의 마음으로 가슴이 아려왔다.

그 사랑 때문에 모든 남자에게 일반화시키지 않았으면 좋겠다는 말과 함께 더 좋은 사람을 주시려고 초년에 이런 아픔을 주시는구나 하고 위로하였다. Y는 일종의 패닉상태로 멍하니 필자를 응시하고 있었다. 필자는 얼른 좋은 말이 떠오르지 않아 답답하였다.

"Y야, 지금은 어떤 말로도 위도가 되지 않는 거 잘 안다."

그러면서 조심스럽게 말문을 열었다.

"첫사랑이 이루어지면 가슴에 돌로 남지만 이루어지지 않으면 가슴에 보석으로 남는단다."

그리고 제자에게 이런 말을 해주면서 등을 두드려주었다.

'그래 지금은 선생님 말이 귀에 들어오지 않겠지만 시간이 흐르면 그 상처도 다 아물게 될 거야. 그리고 그 시절 그 어려움이 오늘을 있게 했구나 깨닫겠지…… 그리고 다시 사랑이 찾아오면 그때는 좀 더 아무져지길 바란다. 선생님도 꼭 10여 년 전에 지금의 너와 같았단다. 갑자기 선언한 이별통보에 삶이 무의미하고 그 사람 없는 인생 그림을 그릴 수가 없더라. 그런데 그 시기에 우연히 접하게 된 <마리 퀴리의 일화>를 보고 많은 위로를 받았단다. 인생은 크게 보면 잃기도 하고 얻기도 하는 과정이란다.'

1883년 고등학교를 졸업한 마리는 집안형편이 너무 가난하여 대학에 진학하지 못하고 부잣집에 가정교사로 들어가게 되었다. 천진난만하였던 퀴리는 그 부잣집의 큰아들과 사랑에 빠졌다. 그런데 그 부잣집의 부모님은 마리 퀴리가 총명하고 똑똑하기는 하지만 너무 가난하다고 결혼을 반대하였다. 부모의 불같은 반대에 큰아들은 두 손을 들었다. 실연의 고통은 마리를 너무 힘들게 하였다. 잠시 동안이지만 그녀는 이 세상과 이별을 할까도 생각해보았다. 그러나 그녀는 연애 외에도 가족과 과학을 너무 사랑했다. 그녀는 가난한 농민 자녀의 공부를 봐주면서 어렵게 독학으로 공부했다. 몇 년 후 마리는 사랑하는 청년에게 찾아가서 최후의 담판을 짓는다. 부잣집 청년은 그때까지도 사랑의 결단을 내리지 못하고 우유부단하였다. 마리는 과감하게 그 사랑의 끈을 놓고, 공부를 위해 파리로 떠난다.

마리가 그때 그 사랑의 끈을 놓지 않으려 발버둥 쳤다면 얼마나 스스로가 비참하였겠는가? 마리가 결정하고 판단함으로써 그녀는 스스로 원하는 삶으로 접근하였다. 인생은 버림을 통해서 무언가를 다시 얻을 수 있는 것이다. 마리의 이런 버림이 없었다면 우리는 위대한 과학자를 만날 수 없었을 것이다. 버림을 통해 훗날 그녀는 학문과 인생의 동반자 둘을 얻게 되었다.

한쪽 문이 닫히면 다른 문이 열리게 되어 있다.

마리 퀴리의 '아름다움 실연'이 Y에게 작게나마 위로가 되었으면 좋겠다.

고난의 긍정적인 해석
―불행한 사건이 주는 교훈

　우리가 생활을 하면서 고난이나 어려움, 실패를 만나지 않으면 좋으련만 아무리 좋은 환경, 좋은 가정에서 태어났다 할지라도 우리는 고난을 완전히 피할 수는 없다. 다만 그 고난의 크기만 다를 뿐……　인간이기에 겪는 실연, 실패, 죽음…… 등은 커다란 의미에서 고난이라 할 수 있다.

　크고 작은 고난의 앞에 그것을 어떤 의미로 해석하고 받아들이는가에 따라 인간은 위대해질 수도 있고 세속적이고 평면적인 삶을 살아갈 수도 있다. 고난 앞에 나약해지고 세상 탓을 한다면 그 사람은 성장할 수 없는 사람이고, 고난이 주는 의미를 타인을 위한 봉사와 깨달음으로 사용한다면 그 사람은 위대한 사람이 될 수 있다. 고난이 있음에도 불구하고 삶은 가치가 있고 살아볼 만하다고 생각하는가?

　고난을 자신의 성장 밑거름으로 삼은 사람이 있는데 그는 한국 시각장애인으로서 최초로 교육철학박사가 된 강영우 박사이다. 그가 이론 업적 중에 가장 중요한 업적은 탁월한 긍정심리로 그의 인생을 위대한 꿈에 도달하는 산 증인이 되고 장애인의 대변자가 되었다는 것이다. 그는 '나는 장애에도 불구하고가 아니라 장애를 통하여 승리했다'라고 말하는 것처럼 초긍정의 사람으로 강영우 박사는 부시 행정부 국가장애위원회 정책차관보를 역임하였다. 뿐만 아니라 교육철학 박사로서 이론적인 삶과 실천적인 삶의 조화로운 균형을 통해 두 자녀를 어려운 사람을 도울 수 있는 선한 사마리아인으로 양육했다. 큰아들은 안과의사가 되었고, 둘째 아들은 변호사가 되었다. 그는 중학교에 다닐 때 외상에 의해 망막이 분리되어 시각장애인이 되었다. 설상가상으로 부모님이 돌아가시고 동생들의 생계를 돌보던 큰누나마저도 과로사하게 된다. 이런 큰 불운 앞에서 강영우 박사는 몇 년 동안 '왜'라는 질문과 함께 방황을 한다. 그러다가 정안인으로서의 인생을 포기하고 맹인으로서 한글 점자와 타자기 사용법을 배우는 것으로 새로운 인생을 시작한다.

세상의 잣대로 보면 박복하기 그지없고 원망하고 불평하기에 충분했던 역경이었지만 그는 불평과 원망 대신 감사할 일을 찾았다. 그의 역할 모델이 된 멘토는 '헬렌 켈러'였다. 강영우 박사가 자신의 관점을 감사로 바꾸게 되는 계기가 된 것은 헬렌 켈러의 작은 일화에서이다. 헬렌켈러의 일화를 알게 된 이후 그는 세상을 보는 인식의 틀을 불평에서 감사로 바꾸었다.

어느 날 헬렌 켈러에게 기자가 질문을 했다.

"만일 하나님께서 시각과 청각 중 하나만 되돌려주신다면 어느 것을 택하겠습니까?"

그 질문에 헬렌 켈러는 다른 사람과 대화할 수 있는 청각을 택하겠다고 하였다.

강영우 박사는 이 글을 대하면서 헬렌 켈러는 보지도, 듣지도 못하고, 말도 못하는 삼중 장애인인데도 대학에 들어가고 장애인을 위한 대변자도 되었는데 나도 열심히 노력하면 대학도 가고 유학도 갈 수 있겠다는 생각이 들었다고 한다. 헬렌 켈러는 삼중고에서도 감사했는데 자신은 남의 말을 들을 수 있는 청각이 있음을 감사하고 새롭게 출발하기로 마음먹었다. 마음을 바꾸니 세상이 아름답게 보였고 그에게 많은 인간 천사들이 접근하여 그를 도와주었다.

세상은 마음먹기에 달려 있다. 우리 마음에 따라 부정적으로 보면 우리를 둘러싼 환경이 지옥으로 보일 수도 있고, 긍정적으로 보면 우리를 에워싼 환경에서 감사할 것은 얼마든지 있다. 작은 것에 감사하면 점점 더 큰 감사할 거리들이 따라온다. 왜냐하면 우리 몸은 일종의 자석으로 저 우주에서 비슷한 성질끼리 뭉치게 한다.

자, 우리도 '두두두' 오리처럼 입을 내밀고 불평하지 말고 감사한 일을 적어보자. 하루에 한 가지라도 찾아내보자.

강영우 박사

헬렌 켈러

크리스토퍼 리브를 다시 살게 한 힘

크리스토퍼 리브와 그의 아내는 세상을 떠나고 없지만 그들이 남긴 아름다운 이야기는 오랫동안 우리 곁에 회자될 것이다.

슈퍼맨으로 유명한 영화배우 크리스토퍼 리브가 낙마사고로 경추가 마비되는 바람에 전신마비 장애인이 되었다. 그는 전신마비가 된 자신을 원망하며 '이럴 줄 알았으면 유언장에 어떤 경우에도 혼자의 힘으로 살 수 없을 때는 산소 호흡기를 사용하지 말아 달라고 써둘 것을……'이라고 생각했다. 영화 속에서는 슈퍼맨으로 초인간적인 힘을 발휘하며 위기에 처한 사람들을 구해냈는데 현실에서는 먹을 수도 대소변을 가릴 수도 없고 산소 호흡기에 의존하는 미약하고 힘없는 존재가 된 것이다.

이러한 상태로 제일 먼저 만난 사람은 어머니였는데 자신의 처지를 의사표현 하니 어머니는 자신의 의견에 동의하였다. 두 번째로 아내가 입원실에 들어왔다. 크리스토퍼는 이제 아내만 동의하면 더 이상 이런 추한 상태로 삶을 연장하지 않아도 된다고 체념하였다.

그런데 아내 데이나는 그의 기대와 달리 말했다.

"아직도 당신이에요. 두뇌가 살아 있는 한 당신은 아직도 그대로 당신이니, 제발 살아만 주세요."

아내의 말에 다시 살 힘과 자신의 존재 가치를 찾은 크리스토퍼 리브는 자신이 할 수 없는 일을 떠올리며 괴로워하는 대신 할 수 있는 일을 생각하며 자신의 인생을 새롭게 시작하였다.

전신마비 장애인으로서 자신이 할 수 있는 일은 첫째, 장애인들의 대변자가 되고, 둘째, 아내가 영화인 생활을 할 수 있도록 하고, 셋째, 죽은 척수신경 재생연구 활동 등을 후원하기로 결심했다고 한다.

크리스토퍼 리브는 비록 장애인이 되었지만, 긍정의 힘으로 재기해서 도움이 필요한 장애인들의 복지를 위해 위대한 공헌을 하였다. 옆에서 지켜보고 있던 아내 데이나의 초긍정의 말이 있었기에 가능한 일이었다. 불행한 사건을 겪고 희망을 잃은 남편에게 그와 같은 말을 해줄 수 있었던 데이나는 평소에도 분명 낙천적이고 긍정적이었음에 분명하다. 왜냐하면 말은 습관이기에……. 그녀는 그 말을 의도적으로 만들어냈다기보다는 평소의 마음 씀씀이와 남편에 대한 신뢰감, 사랑이 함축된 의미 있는 말이었다.

우리는 평소 남편에게 어떤 말을 많이 쓰는가? 용기와 희망을 많이 주는 긍정의 말을 많이 하는가? 아니면 그 반대로 남편을 기죽이고 있는 현실 그대로 반영하는 사실적 언어를 사용하고 있는가?

필자는 남편에게 화가 나는 상황에서 남편을 있는 그대로 바라보며 말하지 않는다. 나아질 모습, 내가 원하는 모습과 행동을 현재형으로 미리 말해준다. 그러면 실제로 행동의 변화까지도 일어난다. 필자

의 남편뿐 아니라 모든 남편들은 데이나 같은 초긍정의 아내를 원한
다. 남편이 변하지 않는다고 열 받지 말자. 결혼하기 전 내 남편이 내
가 원하는 모습이었다면 그는 나와 결혼하지 않고 나보다 나은 여자
와 결혼했을 것이다. 우리 인간은 정말 남을 완력으로 변화시키기는
어렵다. 왜냐하면 아주 어린 아기조차도 자존심과 자기 고집이 있으
므로…… 성인인 남편을 내 마음대로 조정하겠다는 것은 정말 어리석
다. 아내가 긍정적으로 변함으로써 남편이 이성으로 이해하고 감정적
으로 느끼게 되면 행동은 변화된다. 문제는 시간이 너무 많이 걸린다
는 것이다. 그래서 머리에서 가슴까지 가기가 평생 걸린다고 하지 않
던가?

아내들이여, 이제 데릴라나 크산티페의 언어를 쓰지 말고 데이나
의 언어를 쓰자. 남편이 기죽고 힘들어 하면 자신에게 무슨 이득이
있겠는가? 가끔 남편에게 시끈가오리 침을 주고 싶은가? 아내의 충고
의 말이 힘 있으려면 평소 아내의 말이 90% 이상 긍정의 말로 구성되
어 있어야 한다. 반대라면 우리의 말은 정말 바뀌어야 한다. 긍정적
변화의 시작은 자신부터 출발해야 부작용이 최소화된다.

긍정적인 선생님의 영향

"인물이 되려면 인물을 만나야 한다."

교육에서 인상적인 말이다. 이 말의 속뜻은 인물은 환경과 상호작용에 의해 길러진다는 것과 인물이 되려면 역할모델이 필요하다는 의미이다. 성공한 사람에게는 성공을 이끌어주는 말 한마디를 해준 의미 있는 타인인 선생님이 있다.

자로에게는 공자가 있었고, 알렉산더에게는 아리스토텔레스, 마돈나에게는 크리스토퍼 선생님이 있었고, 헬렌 켈러에게는 애니 설리번 선생님이 있었다. 특히 선생님이란 직업은 제자를 바라볼 때 긍정적인 점과 잘하는 점에 초점을 맞추게 된다. 이런 말이 있지 않은가? 사람을 있는 그대로 평가해주면 평범한 성취를 하지만 그 사람의 잠재력을 칭찬해주면 그 사람은 비범한 성취를 하게 된다.

애니 설리번 선생님은 헬렌 켈러의 잠재력에 주목하고 그녀를 한결같은 사랑으로 대했다. 애니 설리번 선생님의 인간관은 긍정적인 인간관의 철학에 바탕을 두고 인간의 능력과 가능성에 대한 무한한 신념이 밑받침된 관점이다. 인간은 누구나 능력이 있으며 환경이나 주어진 조건과의 상호작용을 통해 자기 발전을 이루려는 뚜렷한 목적성을 가지고 있다는 것을 알고 있었기에 헬렌 켈러를 이끌어줄 수 있었다.

헬렌 켈러는 암흑과도 같은 삼중고의 장애를 가지고 있었기에 어찌 보면 나무토막과도 같은 사람이었다. 그런 그녀가 장애를 극복하고 위대한 희망 전도사가 될 수 있었던 것은 실패할지라도 늘 도전하라고 힘을 주고 늘 긍정적인 평가를 해주었던 설리번 선생님 덕분이었다. 애니 설리번 선생님은 헬렌 켈러에게 다음과 같은 말을 되풀이해주었다고 한다.

"시작하고 실패하는 것을 계속하라. 실패할 때마다 무엇인가 성취할 것이다. 네가 원하는 것은 성취하지 못할지라도 무엇인가 가치 있는 것을 얻게 되리라. 시작하는 것과 실패하는 것을 계속하라."

피 흘리고 고통스럽다 할지라도 전진하고 시도하는 삶은 아무것도 하지 않는 것보다는 낫지 않을까? 우리는 시도하고 노력하고 최선을 다하고 결과는 신에게 맡기는 것이다. 그렇다. 사자도 사냥할 때 5%의 성공률을 가지고 있지만 늘 성공을 확신하고 최선을 다하지 않는가?

심리학에서는 보통의 성취동기를 가진 사람은 자기 자신의 고양된 기분을 유지하기 위해 어려운 도전은 일부러 회피하고 자기의 능력보다 쉬운 과제만 하려는 경향이 있다고 한다. 그러나 높은 자기 동기를 가진 사람은 자신의 능력을 계속 향상시키려는 노력과 함께 쉬운 과제보다는 어려운 과제에 도전하기를 좋아한다고 한다.

쉬운 과제에서 얻는 작은 기쁨보다 자신의 실력을 업그레이드시킨 후에 만나는 어려운 과제를 해결하고 나면 그만큼의 만족감과 성취감을 얻을 수 있다. 자신의 능력보다 너무 쉬운 과제는 지루함과 권태감을 유발하고 자신의 능력보다 너무 어려운 과제는 불안을 유발한다.

그러나 자신의 능력을 향상시켜 그에 상응하는 도전적인 과제를 잘 해결하고 나면 인생에 대해서 자신감과 통제감이 생기는 것은 당연한 결과이다. 향상된 능력과 수준 높은 과제와의 만남은 몰입을 낳고 인생의 질을 높여준다. 인생을 살면서 안정적으로 살고 싶고 도전보다는 안주하고 싶어질 때가 많다. 여러분은 어떤 사람인가? 안주하는 사람인가 아니면 도전하는 사람인가? 도전 후엔 삶의 질을 높여주는 만족감과 통제감이 생긴다.

절대 포기하지 않은
위대한 동화 작가 안데르센

보통 인간은 자기 인생이 뜻대로, 자기 목표대로 풀리지 않을 때 세상을 향해 원망하고 한탄한다. 그러나 진정으로 강한 인간은 고난 앞에서 잠시 실망하고 좌절할지라도 다시 일어선다. 고난은 한 인간을 내적으로 성찰하게 하고 자신을 진정으로 발견하는 계기를 마련해준다. 한스 크리스티안 안데르센은 전 세계의 어린이들이 가장 많이 읽는 동화를 쓴 동화작가이다. 독일뿐만 아니라 유럽 전체에 명성을 떨치고 「인어공주」, 「미운 오리 새끼」 등 수많은 걸작품을 남기었다.

그의 첫 번째 인생의 목표는 처음부터 동화작가가 아니었다. 그의 꿈은 연기자였다. 못생기고 키가 작았던 안데르센은 진실로 연기를 사랑한 배우였다. 그러나 불행히도 목소리가 망가져서 연기를 그만두었다. 그는 실망했지만 다시 작가로서 일어났다. 어린이들을 위한 이야기가 전무한 것을 알고 그는 어린이들을 위한 글을 쓰기 시작했는데 약 160여 편 정도를 썼다. 그가 가장 좋아한 이야기 중의 하나는

「미운 오리 새끼」인데, 그것은 작가 자신이 그랬듯이 못생긴 오리 새끼가 많은 어려움을 극복하고 아름다운 백조가 된다는 이야기이다.

안데르센은 긍정적인 생각의 지도를 가지고 있었다. 있었으나 없어진 목소리에 집착하고 원망하기보다는 또 다른 목표와 자신의 장점에 주목할 수 있는 사람, 절대 인생을 포기하지 않은 사람이다. 우리는 무엇에 주목하고 있는가? 혹시 내게 있었으나 잃어버린 아이스크림에 초점을 맞추며 괴로워하고 있지는 않은가?

고난 앞에서 당당하게 일어날 때 우리는 위대한 성격의 소유자가 될 수 있다. 인생의 쓴잔, 즉 고난 없이 성장한 위인은 없다. 개인에서부터 나라에 이르기까지 고난은 우리의 인생과 역사를 위대하게 만든다. 세속적・평면적 인생관을 가진 사람은 고난의 잔을 마셔보지 못했기 때문에 성숙하고 원숙해지기 어렵다.

안데르센은 긍정의 마음으로 고난을 해석하고 접근했다. 그가 창작한 동화의 내용은 그가 추구한 인생관과 가치 등이 묻어난 그의 정신적인 소산물이다. 그는 고난을 받아들이는 태도 또한 어찌 보면 수동적일 수도 있는 수용적인 방법들을 사용했다. 미운 오리 새끼는 농장 집에서 자신의 잘못이 아닌 생쥐의 의도적인 말썽으로 쫓겨나는 상황에서도 자신을 변호하지 않고 묵묵히 상황을 받아들이고 집을 나온다. 「인어공주」에서도 사랑의 진실을 알지 못하는 왕자를 죽여 자신의 생명을 연장하지 않고 사랑하는 사람을 위해 기쁘게 자신을 희생한다. 슬프지만 아름답게 자신을 승화시켜 영원히 사는 방법을 택하였다.

안데르센이 우리에게 주고자 한 것은 긴 인생을 살아가는 동안 우리는 고난을 만나게 되는데, 그 고난을 통해 인생의 의미를 생각하게 하고 고난을 통해 오히려 남을 도울 수 있는 이타심과 승화의 재료로 삼는 것이다.

진실로 고난을 통해 우리는 많은 것을 얻을 수 있다. 안데르센이 우리에게 주는 메시지는 이것이다. 첫째, 고난을 통해 우리는 자신을 들여다볼 수 있는 안목과 장점을 발견하게 된다. 내가 가장 잘할 수 있는 점이 무엇인지 깊이 통찰하게 된다.

둘째, 고난을 통해 우리는 고통 받는 타인을 생각하며 이타심을 만들 수 있는 계기가 되는 것이다. 우리는 핍박과 고난을 받기 전에는 미련하여서 핍박받는 사람의 마음을 도저히 공감할 수 없다. 우리는 고난을 받음으로써 상대방을 포용하고 공감하는 이타성을 발휘하게 된다.

셋째, 우리는 고난을 통해 자신을 반성하고 알게 됨으로써 고난 자체가 중립적인 사건이라는 것을 깨닫고 그것의 실체를 마음으로 해석하고 고난으로부터 위대한 성과물을 만들게 되는 원료로 사용하게 됨으로써 오히려 스스로를 한 단계 진화시키는 승화체험을 하게 된다.

이사도라 던컨의 긍정의 말

이사도라 던컨에 대한 재미있는 일화가 있다. 그녀의 일화에는 그녀가 얼마나 자유롭고 순수한 영혼이며, 초긍정적인 사람인지 알려준다. 이사도라 던컨은 극작가인 레너드 번스타인에게 이런 말을 했다고 한다.

"나의 외모와 당신의 머리를 닮은 아이를 갖는다면 어떨까요?"

이사도라 던컨의 제의에 번스타인은 이런 말을 했다고 한다.

"당신의 머리와 나의 외모를 닮은 아이가 나온다면 어떻게 할 것인가?"

같은 상황에서도 얼마나 다른 접근과 말을 취하고 있는지 알 수 있다. 이사도라 던컨은 항상 사람을 대할 때 긍정적인 점에 초점을 두고 있지만 좀 더 똑똑하다고 할 수 있는 번스타인의 생각의 지도는 비관적이고 비판적인 사고방식을 갖고 있는 것이다. 이사도라는 자신이든 타인이든 잘하는 점, 긍정적인 점, 장점에 주목하므로 세상도 아름답게 해석하고 좀 더 행복하게 살 수 있었다고 볼 수 있다.

이사도라 던컨의 자서전인 『나의 인생』이란 글에는 이런 내용이 나온다.

> 아이의 성격은 어머니 뱃속에서 이미 뚜렷해진다. 내가 태어나기 전에 어머니는 정신적인 고통을 받고 있었고 비참한 상황에 빠져 있었다. 어머니는 냉동된 굴과 샴페인 외엔 어떤 음식도 먹을 수 없었다. 사람들이 나더러 언제부터 춤을 추기 시작했느냐고 물어볼 때면 나는 이렇게 대답한다.
> "어머니 뱃속에서부터가 아닌가 싶습니다. 아프로디테의 음식이었던 굴과 샴페인 덕분이었답니다."

현대무용의 선구자로 지금껏 추앙받는 여성 이사도라 던컨은 어려운 환경에 굴하지 않고 그것을 재해석해내는 초긍정의 인물이었던 것이다. 그녀가 성공한 이유는 자신이 가지고 있는 것에 만족하며, 있는 것에 기초하여 자기 자신을 발전시키는 작은 힘이 있었기 때문이다. 그녀를 임신한 어머니는 작은 생명이 뱃속에 있는 것도 아랑곳하지 않고 알코올 섭취와 냉동 굴을 먹었고 그러한 알코올은 태아에게 어느 정도 영향을 미쳤을 것이다. 그러나 그녀의 말 어느 곳에도 자신의 어머니를 원망하는 말은 없다. 또한 그녀는 무명시절부터 검은색 옷과 맨발로 춤을 추었다. 검은색을 좋아해서가 아니라 지독히도 가난해서 옷을 살 수 없었기 때문이었다. 그러한 그녀는 환경을 탓하고 굴복하기보다는 그러한 환경을 수용하고 긍정적으로 귀인양식을 사용하였다.

심리학에서는 귀인을 어떻게 하느냐가 인생을 바라보는 관점으로 매우 중요하다고 시사하고 있다. 귀인이란 무엇인가? 인간은 호기심이 많은 동물로서 잡다하고 사소한 일에서는 그 원인과 결과의 에너지를 찾으려고 하지 않지만 자신의 인생에서 중요하고 의미 있는 일에서는 원인을 찾고 결과를 해석하려 하는 것이다.

마틴 셀리그만(Martin Seligman, 1990)에 의하면, 사람들은 정도의 차이는 있지만 낙관적 설명양식 또는 비관적 설명양식을 가지고 있다. 비관적인 설명양식을 가진 사람들은 실패를 내적이며 안정적으로 변화시킬 수 없다고 생각하여 그들 자신을 나쁘게 느끼고, 자신의 능력에 비관한다고 할 수 있다.

낙관적 설명양식을 가지고 있는 사람들은 실패를 외적이고 불안정적으로 귀인시키는 경향이 있고 성공을 내적인 자신의 능력에 기인하여 안정적으로 바라보았기 때문에 다른 사람들보다 더 높은 자신감과 높은 자존감을 갖는다.

또한 실패 상황을, 예를 들면 바라던 직장을 얻지 못하였을 때 이러한 사건을 보는 시각은 개인적인 단점(학력, 능력)보다는 면접에서 운이 나빴기 때문이라고 귀인하게 된다. 이런 양식은 자신으로 하여금 괴로움을 적게 하고 미래를 더 긍정적으로 예상하게 하고 자기상을 긍정적으로 유지하게 하는 힘이 있다.

긍정적인 사람은 **소산능력**이 있다

소산능력이란? 엔트로피로인 의식의 혼란으로부터 에너지를 추출하는 능력, 쓰레기 같은 현실에서 구조화된 질서로 재생하는 능력이라고 볼 수 있다. 노벨상을 수상한 프리고진은 임의의 운동에 의해 분산되어 있는 유실된 에너지를 이용하는 물리적 체계를 소산구조라고 정의하였다.

한 부인에게 두 명의 아들이 있었다. 부인은 깊은 병에 걸려 부득이하게 유모에게 둘째 아들을 맡겼다. 유모의 남편은 석공이었다. 석공은 자신의 일은 사랑하는 성실한 사람이었다. 석공의 손에서 재창조되는 조각상은 생명력이 넘쳐흘렀다. 소년은 석공의 손끝에서 탄생하는 조각상을 보고 감탄했다. 석공의 일에 대한 몰입과 성실한 태도는 소년의 삶에 깊은 영향을 주었다. 어느 날 소년은 너무나 엄마가 보고 싶어 집으로 돌아왔다. 그러나 엄마는 이미 하늘나라로 가신 후였다. 소년은 무척 슬펐다. 소년은 자라서 유명한 조각가가 되었다. 그 조각가는 자신의 작품에 돌아가신 엄마의 얼굴을 <Pieta> 조각상에 새겼다. 그 조각가의 이름은 미켈란젤로 부오나로티이다.

긍정적인 사람들은 문제상황에서도 다른 관점과 시각을 가지고 문제를 바라본다. 똑같은 상실이라는 상황에서도 어떤 사람은 자신, 타인, 사회를 원망만 하고 탓한다. 그러나 긍정적인 사람들은 상실의 아픔 속에서도 살아야 할 의미와 희망을 발견한다. 미켈란젤로는 상실의 고통을 승화시켜 심미적 관점에서 자신의 어머니에 대한 그리움을 작품 속에 녹여낸다. 참으로 대단한 능력이다.

소산능력이라는 것은 무엇인가? 심리적인 무질서, 즉 엔트로피 상황에서도 자아를 소비, 소진만 하는 것이 아니라 자아 분화를 통해 미켈란젤로는 어미를 잃은 자식이라는 고통의 자리를 딛고 일어나 조각가로 분화된 자아를 통해 우뚝 서고, 자식의 의미와 조각가라는 자신의 정체성의 통합을 이루는 것이다. 작품을 통해 그는 살아 있는 이유를 발견했고, 자신의 작품을 통해 어머니가 마음속에 의미 있게 살아 있음을 발견하며, 심리적인 상실의 고통 또한 거리를 두고 멀리 있게 하는 것이 가능했을 것이다. 따라서 그의 상처는 치유되었다고 볼 수 있다. 삶은 항상 상황이 문제인 것이 아니라 그것을 해석하는 나의 수준이 문제이다. 우리는 어떤 자극에 대해 반응한다. 하지만 우리는 동물이 아니기에 반응하기 전에 멈추고, 생각하고, 선택할 수 있다.

미켈란젤로는 어머니의 죽음 앞에서 신을 원망하기보다는 긍정적으로 해석해낸 사람이었다. 그는 슬픔과 상실조차도 그의 예술로 승화시켰다. 그는 청년시절 귀족 집에서 정원사로 일하였다. 그는 꽃을 심는 화분조차도 평범하게 만들지 않고 자신의 영혼을 내뿜어 조각하였다. 화분의 조각을 본 귀족은 그가 조각가로 성장하도록 지원을 아끼지 않았다. 미켈란젤로는 소산능력의 대가였다. 그는 아무리 힘든 고통과 좌절이 있다 할지라도 절망하지 않고 아름다움을 창조하는 심미적 능력이 있는 사람이었다. 자아의 완성은 중립적인, 혹은 파괴적인 사건들을 긍정적으로 변화시키는 개인의 능력에 달린 것이다. 사람의 일생을 통해 외부적으로 좋은 일만 일어나기는 어려운 것이다. 그래서 행운은 극히 드문 일이다. 미켈란젤로가 어머니의 죽음을 파괴적인 사건에서 중립적인 사건으로 인지하기까지는 많은 시간이 흘렀을 것이다. 우리가 여기서 주목할 것은 그 사건으로 인해 자아를 소비하고 소진한 것이 아니라 용기, 회복력, 인내함과 승화로서 변형적인 대처방법을 선택한 것이다. 미켈란젤로는 자신의 심리를 통제할 수 있는 긍정적인 전략을 배운 것이라 볼 수 있다. 그와 신과의 깊은 상호작용을 나타낸 <최후의 심판>을 통해 그는 분명 신과도 화해한 것으로 보인다. 그의 아름다운 어머니를 너무나 일찍 천국으로 인도하신 그분을…… 그분의 심오한 뜻을 깨닫고 자신의 재능을 드린 것이다(로마서.5.8).

피에타 조각상

긍정적인 사람은 **차이**가 아닌 **다름**을 본다

중국에 한 스승이 있었다. 그에게는 두 제자가 있었는데 한 제자는 성질이 급했고, 또 다른 제자는 성질이 너무 우유부단하였다.

어느 날 그들은 스승을 방문하였다. 그들은 스승에게 같은 질문을 하였다.

"스승님, 좋은 제안을 받았을 때 어떻게 해야 할까요?"

스승은 성질이 급한 제자에게는 이렇게 조언해주었다.

"네가 좋은 제안을 받았을 때 그 제안을 부모님께 여쭤본 후에 결정하는 것이 좋겠구나."

그리고 우유부단한 제자에게는 이렇게 말하였다.

"네가 좋은 제안을 받았을 때 그것을 받아들일지 말지 즉시 결정하는 편이 좋겠구나."

이 스승은 여러분이 생각하는 대로 공자이다. 공자는 제자들의 결점에 가까운 성격을 고려해서 조언해주는 것을 볼 수 있다. 그는 제자들의 성격을 결점으로 판단하지 않고 보완해주는 면으로 접근하고 있다. 고칠 수 있는 것과 없는 것에 대한 분별력이 있는 현명한 스승이다.

좋은 스승의 제일 조건은 긍정적인 관점을 소유해야 한다. 스승 된 자가 아무리 차원 높은 지식을 가지고 있다 할지라도 긍정적인 관점으로 제자의 장점을 주목하지 않고 단점에 주목하고 지적하여 고치라고 한다면 부작용만 낳게 된다. 일방적인 차이가 아닌 다름에 가치를 두어야 한다.

차이의 시각에서 보면 우수한 자와 열등한 자로 나누어지지만, 다름의 시각에서 보면 조화이고 상생의 관계인 것이다. 우유부단함은 차이의 시각에서 보면 판단력 부족으로 매사에 끊고 맺음이 없는 부실한 사람으로 보이기도 하지만, 다름의 시각에서 보면 신중하고 깊이 있는 사람으로 간주되기도 한다. 또 성질이 급하다는 것은 차이의 시각에서 보면 말이 빠르고 경쟁적이며, 쉽게 화를 내는 것으로 보이지만 다름의 시각에서 이들을 보면 성취동기가 높으며 타인에 대한 통제의 욕구가 높다고 볼 수 있다.

한 사람이 가지고 있는 성격은 무조건 긍정적이고 무조건 부정적인 것이 아니라 동전의 양면과 같은 것이다. 부족한 면을 지적하면 듣는 사람은 방어하기 시작한다. 부족한 면에 대한 직면보다는 변명과 핑곗거리를 찾는다. 그러나 긍정적인 면, 잘하는 면을 칭찬해주면 그 부분에 주목하여 극대화시키려고 노력한다.

상대의 부족한 면을 지적해야 하는 상황이라면 먼저 부족한 점을 최대한 부드럽게 말해주고 긍정적인 면은 여러 개 말해주는 것이 중요한 포인트이다. 그러나 여기서도 상대방이 조언을 원하지 않는다면 한 가지 부족한 면도 이야기해서는 안 된다.

　필자는 오지랖이 너무 넓어서 지식과 정보를 나누어주고 싶어 한다. 그런데 10명 중 2명 정도는 그런 조언을 좋아한다. 이런 사람들은 개방적이며 열린 사고방식의 소유자이다. 그러나 다른 사람들은 자신의 자아의 개방과 성장에 별 관심이 없다. 굳이 고민하면서 살아야 할 필요성을 느끼지 못하는 것이다.

　이 세상에는 조언을 받아들일 수 있는 사람이 있고 조언은커녕 자신은 이미 신체적으로나 정신적으로나 모두 성장한 성인이라고 생각하는 사람도 있는 것이다. 그런 사람에게 조언을 해주는 것은 마치 돼지 목에 진주목걸이를 걸어주는 것과 마찬가지이다. 진심 어린 조언을 해준 공자님의 현명함도 멋지지만, 자신의 단점을 알고 있으며, 그것에 대해 조언을 받으러 간 제자 두 명은 더 용기 있는 사람들이다.

　사실 건강한 성격이라 함은 단점, 부족한 점이 전무한 상태가 아니라 자신의 부족한 점을 인정하고 변화하려는 사람이다. 대다수의 사람들은 자신의 부족한 면을 직면하는 것조차도 두려워한다. 자신의 부족함을 인정하는 것은 대단한 용기이다.

제5부

나의 긍정 체험들

딸에게 해주는 긍정의 보약

1. 긍정적인 언어표현
2. 노래
3. 춤곡

　필자의 딸은 36개월이다. 늦둥이라 눈에 넣어도 아프지 않을 정도이다. 하지만 바쁜 엄마를 둔 덕에 매시간 함께하지는 못한다. 그 대신 엄마표 긍정보약을 매일 먹이고 있다. 우선 필자의 딸은 객관적 입장에서 볼 때 그리 예쁜 편이 아니다. 우선 눈은 작고 좀 통통한 편이다. 10개월까지는 핑크색 옷을 입었는데도 불구하고 아파트 이웃아주머니께서는 '아휴, 장군감이네요'라고 했다.

　필자는 마음을 단단히 먹고 꾸준히 딸을 관리해주기로 했다. 딸이 신체적인 자기 외모에 대해 자존감을 가질 수 있도록 예쁘다는 말을 늘 해준다. 어렸을 때 부모님이 해준 말을 못 알아듣는 것 같아도 아이들의 무의식 깊이 각인되기 때문에 최대한 밝고 고운 말을 해주어야 한다.

필자가 아는 한 엄마는 아이가 듣는 데도 아랑곳하지 않고 이런 말을 한다.

"어휴, 우리 아이는 다 예쁜데 코가 너무 낮아 크면 수술해줄 거예요"

그 아이는 장래에 커서 자기 코에 대한 왜곡된 인지로 인해 필경 성형수술을 하게 될 것이다.

여러분이 잘 아는 미셸 오바마! 그녀는 미국의 대통령 부인이다. 그녀의 얼굴은 보여 지는 시각적인 아름다움보다는 내적 아름다움을 나타낸다. 자신감과 삶의 미덕과 좋은 삶을 향한 열정, 그리고 타인에 대한 봉사 등 내면적인 아름다움을 간직한 얼굴이다. 그녀의 자신감과 당당함이 결집된 얼굴의 아름다움으로 인해 그 유명한 『보그』 잡지의 표지얼굴로 당첨되는 행운이 있지 않았던가?

여성의 자신감은 외적인 성형수술보다는 내면에 있다. 어느 부잣집 사모님의 다 뜯어고친 부자연스러운 인공미 있는 얼굴보다는 인생의 중년기에 인생의 실패와 시련을 극복하고 발효된 여인의 얼굴에서 풍겨 나오는 그녀만의 인생의 미와 선의 진수를 알 수 있다.

필자의 딸이 뛰어난 미인이 아닌 것이 감사하다. 그런 부족분으로 딸은 내면을 더욱 아름답게 가꿀 수 있으리라. 그리고 신이 창조하신 모든 자연물은 그 나름대로 모두 가치가 있고 아름답다. 장미는 장미대로 첫눈에 쏙 드는 아름다움이 있고, 들국화는 들국화대로 은은하고 싫증나지 않는 미가 있지 않은가?

필자의 딸이 자신이 들국화임을 알고 자신에 알맞은 빛과 색의 아름다움을 찾고 키울 줄 알기를 바란다. 어느 여배우는 자신이 그다지 예쁘지 않음을 알고 자연스러운 자신의 자연미와 피부를 가지고 승부를 걸었는데, 팬들은 그녀를 너무나 사랑한다.

자신의 신체적 정체감을 알고 그것을 받아들이고 자신의 장점을 볼 줄 아는 안목과 그것을 받아들여 성장시키는 능력, 이것은 자기 자신의 진정한 가치를 알고 자기 긍정을 통해야 가능한 일이다. 룩키즘에 의해 매스컴이 만들어놓은 거짓된 여성의 몸이 우상시되고 있는 요즘 여성의 진정한 아름다움은 내면에 있다고 하면 시대를 역행하며 사는 것일까?

> 오늘도 필자는 딸 앞에서 마법의 주문을 외운다.
> "거울아, 거울아! 이 세상에서 누가 제일 예쁘니?"
> "네, 주인님! 목진송입니다."
> "거울아, 거울아! 이 세상에서 누가 제일 똑똑하니?"
> "네, 주인님! 목진송입니다."
> "거울아, 거울아! 이 세상에서 누가 제일 멋있고 아름답니?"
> "네, 주인님! 목진송입니다."

딸은 자신이 정말 예쁘다고 생각하고 있다. 왜냐하면 거울을 보며 자신을 향해 웃고 만족해하고 있으니까. 필자는 딸의 정서적인 후원자이자 긍정의 지지자이다.

상처 입은 변환자(치유자)가 돼라

변환자란 무엇인가? 변환자는 불건전하고 해가 되는 잘못된 관습을 박차고 주도적이고 효과적인 행동과 태도를 새로 습득한다. 이런 사람은 긍정적인 행동의 모델이 되어, 효과적인 습관을 전달함으로써 다른 사람들에게 긍정적인 사고방식을 심어주고 강화시켜준다.

필자는 큰며느리이다. 친정에서도 살림밑천인 큰딸이었고, 결혼해서는 종손 집안의 큰며느리이다. 큰며느리로 산다는 것은 무엇인가? 그것은 많은 수고와 노고를 필요로 하고, 대가를 바라지 않는 희생과 봉사의 연속선상이다.

시간이 지날수록 10번이 넘는 추모제(제사)와 시동생들 뒷바라지는 기쁨보다는 의무에서 지겨움으로 변질되고 있었다. 문제가 자신이 아닌 외부환경에 있다고 생각하니까 정말 괴롭고 힘들었다. 시어머니의 말씀은 서운함으로 느껴졌고, 큰며느리에게 기대하는 많은 일상들이 너무 많은 짐으로 느껴지기만 했다.

이러한 불똥은 당연히 남편에게 그대로 전달되었고, 융통성이 없는 남편은 그나마 아내 편이 아니었다. 정말 남의 편이라서 남편이 아니던가?

필자가 긍정의 힘을 배우지 않았다면 이 자리에 없었을 것이다. 필자는 마음공부를 하면서 아무리 불리하고, 불행한 환경이라도 내 마음까지는 어쩌지 못한다는 것을 알게 되었다. 그리고 과감히 결단을 내렸다. 더 늦기 전에 공부에 올인하기로……. 시댁과 같이 일하던 어린이집을 정리하였다. 이른바 39살에 독립을 한 것이다.

지금까지 큰며느리 콤플렉스로 내가 아니면 시부모님이 큰일이라도 날 것처럼 경제적으로 짊어졌던 짐을 벗어버리고, 자신을 위해 살기로 결정한 것이다. 불가근불가원이라는 말이 있다. 시어머니와 너무 가까이에 있어 좋은 점도 있지만, 서로 상처 주고 구속하려는 경향과 거기에 순종과 오래 참음만이 미덕인 줄 알았다. 며느리로서 개인적 경계선도 없이 시어머니께서 하라는 대로 하는 전통적인 며느리상을 과감히 박차고 나왔다.

너무 가깝지도 말고 너무 멀지도 말라. 이 말은 사랑하는 사람을 만들지 말고, 미워하는 사람을 만들지 말라와 상통하는 말이 아닐까? 사랑하는 사람을 못 보면 괴롭고 미워하는 사람을 보면 괴롭기 때문이란다.

며느리의 성장과 행복보다는 품 안의 자식으로서 당신의 자랑거리이자, 위신 세우기만 급급하셨던 시어머님. 이제는 그럴 수도 있겠다는 마음으로 그분을 수용하려 한다. 상처 입었지만, 그런 며느리들을 이해하며 살련다. 상처에서 더 이상 출혈이 흐르지 않는다. 21세기에 아직도 아픈 많은 며느리들…… 상처받아보지 않고 어떻게 상처받은 사람을 위로할 수 있겠는가? 필자 얼굴의 코 위에 눈은 젖어 있다. 필자와 맞지 않는 세대와 맞추려고 하다 보니, 반작용으로 눈물이 마를 날이 없었다. 그러나 코 아래 입은 웃고 있다.

무엇보다도 필자는 상처 입은 치유자가 될 것이다. 우리 가문에 변환자가 될 것이다. 시어머니가 며느리를 '시집살이' 시키는 일은 우리 대에서 끊을 것이다. 누구도 희생양이 되어서는 가족이 진정으로 행복할 수 없다. 더 이상 상처받지도 않고, 미워하지도 않고 미래의 삶을 살아갈 것이다. 세월의 상처 앞에 여러 모양이 있다. 상처 앞에 마음이 더욱더 단단해지는 달걀과 같은 사람, 상처 앞에 마음이 굴복당한 당근 같은 사람, 마지막으로 상처받았다 할지라도 물과 어우러져 향기가 나는 커피를 닮은 사람이다.

필자도 며느리 화병, 그거 잘 안다.

큰며느리 여러분!

우리는 커피 닮은 사람이다. 상처 앞에 굴복당하지 않고 발효된 청국장과 같은 사람들이다.

힘을 내자. 파이팅!

열등감을 창조성의 원천으로 사용하자

필자는 열등감이 많다. 외모에서 오는 열등감, 지능이 높지 않다는 약점을 가지고 있다. 하지만 이에 못지않게 친구들이 부러워하는 장점도 있다. 그럼에도 불구하고 20대 때에는 자신의 단점, 결점, 못난 점이 유독 눈에 띄고, 확대해서 보았다. 그리고 바꾸려고 노력하기보다는 남을 부러워하고, 신세 한탄과 조상 탓, 부모 탓을 하며 살았다.

어느 성직자가 한 말이 있다.

"내가 바꿀 수 있는 일에 대해서는 도전할 수 있는 용기를 주시고, 바꿀 수 없는 일에 대해서는 받아들일 침착함을 주시며, 이 두 가지의 차이를 알 수 있는 분별력을 주시옵소서."

30대가 되면서 열등감에 대한 태도가 바뀌게 되었다. 무력감에서 벗어나 '그래, 시도하자' 하는 마음이 생겼다.

필자의 열등감을 노출해보면 20대에 심각하게 고민하게 한 핵심 콤플렉스가 2가지 있다.

첫째, 피부가 필리핀 사람처럼 까무잡잡하다. 학교 다닐 때 별명은 시커먼스 3호였다. 이 별명은 고3 때 담임선생님이 반에서 3번째로 까무잡잡하다고 지어주신 것이다. 이것은 바꿀 수 없는 것이니 수용하고 인정하자. 내 마음을 바꾸니, 나의 피부는 매력적으로 보인다. 피부가 까무잡잡한 것은 얼마나 이국적인 미인의 조건인가?

둘째, 머리가 좋지 않다. 지능은 유전과 환경의 영향으로 형성된다. 그러므로 나의 노력 여하에 따라 조금은 좋아질 수 있는 부분이다. 머리가 안 좋은 결점을 극복하려고 필자는 늘 전공 책과 다방면의 책들을 가까이에 둔다.

인생이란? 자기 열등감에 대한 도전과 그것에 대한 보상이다. 필자의 생각을 바꾸는데 결정적인 기여를 한 심리학자가 있다. 그가 바로 아들러인데 열등감에 대해 관심을 가지고 연구한 학자이다. 아들러는 어린 시절 유약하고 병약한 탓에 형을 시샘하기도 하고 열등감을 극복하고자 많은 노력을 기울였다. 열등감은 인간이면 누구나 경험하는 것이며, 나약함이나 연약함의 징후가 아니라 노력의 원천과 창조성의 원천이라고 명명하였다.

아들러는 열등감을 극복하여 성공하는 사례에도 관심을 가졌다. 열등감을 극복하고 성공한 사람의 예를 들어보면, 조지 6세, 처칠, 고대 그리스의 웅변가인 데모스데네스 등이 있다.

얼마 전 개봉되어 화제가 된 영화 <킹 스피치>는 말더듬이 장애인 조지 6세가 자신의 결점을 극복하는 과정을 감동적으로 그린 내용이다. 영화의 배경 시기는 제2차 세계대전으로, 심슨 여사와 금세기 최고의 스캔들을 일으킨 형 덕분에 동생 앨버트는 하루아침에 국왕이 된다. 그러나 그의 콤플렉스는 다름 아닌 조음장애와 언어장애이다. 조지 6세에게 국왕의 자리는 어렵고 낯설기만 하다. 특히 마이크 앞에 서게 되면 더욱 두렵기만 하다. 스트레스를 받거나 대중 앞에 서면 심하게 말을 더듬는 조지 6세. 왕의 자리가 두렵기만 한 그, 안타까운 마음으로 그를 지켜보는 아내 엘리자베스 왕비. 그는 그의 아내의 소개로 무자격 언어치료사 라이온엘 로그를 만난다. 어색했던 첫 만남을 뒤로 하고 만남이 거듭될수록 조지 6세와 라이온엘 로그는 서로를 신뢰하게 된다. 조지 6세는 기발하고 별스런 언어치료와 심리치료를 통해 언어장애를 극복하고 영국의 국왕으로 자리매김하게 된다. 그는 눈물겨운 노력을 통해 영국 국민에게 화합과 평화를 전하는 최고의 웅변가가 된다.

아들러는 '우리가 무엇을 가지고 태어났는가보다는 가지고 있는 능력으로 무엇을 하느냐'가 더 중요하다고 하였다.

자! 당신이 가지고 있는 열등감은 무엇이며, 그것으로 무엇에 대해 도전할 것인지 생각해보자.

부부간의 긍정적인 의사소통기술

필자는 39살에 둘째 늦둥이를 출산하고 14일 후에 석사논문을 쓰기 시작했다. 아침부터 저녁까지 노트북 앞에서 논문 작성만 신경 쓰다 보니 딸아이나 남편한테는 관심을 쓸 시간적 여유가 없었다.

몇 달 동안 누적된 스트레스로 남편이 어느 날 아침 화를 내는 상황으로 치닫게 되었다. 아기는 울고 전화벨은 울려대고 가스레인지에 올려놓은 고등어는 기름 냄새와 함께 타고 있었다.

남편이 소리쳤다.

"여자가 고등어 하나 제대로 못 구워? 논문은 결혼하기 전에 썼어야지."

당장 폭발할 것만 같았지만 교육심리를 전공하는 아내가 남편에게 바닥을 보여서는 안 되겠다는 생각에 간신히 참았다. 남편은 그동안 필자의 뒤치다꺼리로 많이 힘든 가운데 마음에도 없는 말을 한 것으로 보였다. 그나마 내색 없는 사람이 얼마나 힘들어서 그랬을까 하는 마음으로 내 자신을 진정시켰다.

남편이 출근 후, 남편에게 편지를 썼다.

> 여보, 요즘 많이 힘들죠. 아내 역할과 늦은 학생 역할, 엄마 역할이
> 조금 버거워서 당신에게 다 미루어서 미안해요. 앞으로는 아무리
> 바빠도 당신 아침밥 정성으로 준비할게요. 화 푸시길……. 그리고
> 여보, 부탁할게요. 여자의 마음은 유리와 같답니다. 당신이 소중하
> 게 대하면 좋겠어요. 그래서 아침에 말한 방법보다는 다음에는 이
> 렇게 말해주셨으면 해요.
> "여보, 아침부터 정말 힘들지. 먼저 아기를 안아주고, 고등어를 뒤
> 집으면 좋겠어. 전화는 내가 받아줄게."
> 저는 '있는 그대로의 당신'을 사랑한답니다.
> 당신을 존경하는 아내로부터

이 편지는 남편이 잠든 후 남편 지갑에 붙였다. 효과가 있었는지
궁금할 것이다. 물론 효과만점이었다. 그날 이후로 남편은 의사소통
에서 공격적인 판단이나 비판은 보류하고 부드러운 대화로 전환했다.
의사소통할 때 강압이나 완력이 있어서는 안 된다. 대부분 한국 남편
들은 부드러운 대화를 남성답지 못하다고 생각한다. 특히 40대 이후
의 남편들이 그렇다. 의사소통에서는 모두 이기는 윈-윈을 고려해야
한다. 각자의 요구에 집중함으로써 가능하다.

'문제 파악만 잘해도 문제의 절반은 해결된 것과 다름없다'는 말이
있듯이 문제 파악이 중요하다. 임시방편적인 문제해결은 의사소통의
단절을 쉽게 불러오게 된다. 승패의 의사소통은 패한 사람의 자존심
에 상처를 주어 거부적·적대적이 되기 쉽다. 남성들은 겉으로는 패
를 표하지만 마음속의 증오를 갖고 있는 방어적이고 수동적인 아내
를 조심하라. 그야말로 오뉴월에도 서리가 내린다는 말이 있지 않은

가! 수동공격형인 여성들은 자신의 좌절과 분노를 내면에 차곡차곡 쌓아두었다가 상대방이 가장 약할 때 가장 강한 치명타를 입히는 습성이 있다. 수동공격형은 사회적인 약자로부터 나타나는 가장 무서운 복수를 준비하는 사람들이 가지고 있는 특징이다.

그래도 희망은 있다. 부부간의 의사소통에 문제가 있다고 느끼는 부부는 지금부터라도 조금씩 수정해보자. 처음부터 완벽한 부부가 어디 있겠는가? 남편과 아내도 리모델링해야 한다. 인내만이 모든 문제의 정답이라고 생각하는 배우자는 미련한 사람이다. 부부간의 의사소통만 제대로 이루어져도 결혼생활은 활력이 넘치게 된다. 갈등해결 방식의 원칙을 세우는 것이 좋다. 갈등상황에서는 상대 배우자의 말을 조용히 들어주기만 해도 많은 문제는 수면 아래로 가라앉게 된다. 특히 여성은 문제를 해결해달라고 대화를 하는 것이 아니라 호소를 함으로써 정서적인 위로를 받고 싶어 한다.

〈부부 의사소통 유형과 친밀감 수준〉

A	B	관계	승부	친밀감 수준
대화유형				
수동적	수동적	생기를 잃은	두 사람 모두 패자	낮음
수동적	공격적	지배적	한 사람은 패자 한 사람은 승자	낮음
공격적	공격적	갈등적	두 사람 모두 패자	낮음
자기 주장적	수동적	절망적	두 사람 모두 패자	낮음
자기 주장적	공격적	적대적	두 사람 모두 패자	낮음
자기 주장적	자기 주장적	생기 있는·발전적인	두 사람 모두 승자	높음

출처: 21세기 가족문화연구소 역(2003), 『건강한 부부관계 만들기』, p.43

우리 딸은 에너지가 넘쳐난다

　필자의 네 살배기 딸은 활동 수준이 높아서 자주 부딪치거나 넘어진다. 얼마 전 아이가 잠자리 이불에서 장난을 치다 앞에 놓인 상에 넘어지는 바람에 응급실에 가게 되었다. 밤 10시쯤 응급실에 도착했는데 불안한 마음이 진정되지 않았다.

　의사선생님이 다친 부위가 입술 윗부분이니 상처가 남지 않게 꿰매는 것이 좋겠다고 하셨다.

　딸아이에게 마취를 하는데 신참 간호사 선생님이 혈관을 찾지 못해 여러 번 찌른 곳을 다시 찌르는 것이었다. 워낙 용감한 딸이지만 간호사 선생님의 실수 연발로 네 번째 주사바늘이 같은 곳을 찌르니 "으앙" 하고 울음을 터뜨렸다. 마음속으로는 언짢았지만 어쩌랴? 이해해야지 하고 마음먹었다. 간호사 선생님이 자신의 실수를 대신해서 아기를 진정시키는 말이라도 해주면 얼마나 좋을까 하는 아쉬움이 남았다.

남자 의사선생님은 1시간가량 지난 후에도 또랑또랑 멀쩡한 딸을 보고 완전히 마취가 작용하지 않지만 부분적으로 피부 마취주사를 놓으면서 다친 부위를 꿰맨다고 하였다. 수술을 집도하는 선생님은 남자 의사선생님이셨고 보조하는 분은 세 분으로 여의사 선생님 그리고 간호사 선생님 두 분이었다. 보호자는 한 사람만 참석하라고 하여서 비교적 마음이 강한(남편에 비해) 필자가 지켜보고 있었다.

피부 마취를 하느라 주사바늘이 상처부위 깊숙이 들어갔는데도 딸은 담대하게 인내하고 있었다. 옆에 있는 엄마에 대한 신뢰가 있어서 가능한 것이었다. 정작 딸아이는 엄마를 믿고, 의사선생님의 손길을 신뢰하고 있었는데, 엄마인 필자는 너무 힘들었다. 사랑의 뇌가 작동하면 합리적인 이성의 뇌는 마비되고 사랑하는 사람의 고통이 거울신경을 통해 그대로 전해진다. 할 수만 있다면 딸의 고통을 대신하고 싶었다.

그런 필자를 보고 옆에 있던 여의사 선생님이 말했다.

"어머니, 많이 힘드시죠. 아기가 잘 참아내고 있으니 걱정 마세요."

수술 도중 딸아이는 마취주사의 부작용으로 여러 차례 토하였다. 여의사 선생님은 그런 토설물을 기꺼이 치워주었다. 여의사 선생님은 서른을 넘었을까 하는 앳된 외모였지만 직업세계에서의 전문성은 물론 따뜻한 마음이 어우러져 있었다. 딸아이의 외적인 상처와 내적 상처를 다 돌아보고 치유하는 선생님의 마음이 잔잔하게 전해져왔다. 정보적 지원과 정서적 지원 두 가지를 살필 수 있는 아름다운 배려가 있었기에 그날 힘든 하루였지만 감사함으로 마감하게 되었다.

인간은 우월성이나 완전성 같은 목표를 가지고 산다. 이러한 목표를 이루기 위해 사람들은 자신만의 '생활양식'을 만든다. 생활양식은 그 사람의 행동특성이 된다.

심리학자 아들러는 사회관계 속의 생활양식을 네 가지로 나누었다. 지배형, 기생형, 회피형, 사회형으로 분류했는데 지배형은 타인을 향해 자기주장이 강하면서 적대적이고 공격적인 행동을 하고, 기생형은 타인에게서 모든 것을 얻으려고 하지만 베푸는 것에 인색하고 아무 것도 주려고 하지 않는다. 회피형은 관계에 대한 관심이 적고 문제를 해결하기보다는 피한다. 가장 바람직한 생활양식의 행동은 사회형으로 사회적으로 건강한 사람이다. 활동성과 사회적 관심이 높아서 자신의 목표를 이루기 위해 노력하고 타인의 성장과 복지를 위해서 헌신하려고 한다.

딸아이와 필자를 안심시키려고 노력했던 여의사 선생님은 진정한 의미에서 '사회형'이었다. 심리적으로 건강한 사람은 타인을 위한 배려의 말을 아끼지 않고 미래에 대해 긍정적인 메시지를 전해준다. 사회형인 여의사 선생님은 외면적인 상처뿐만 아니라 내적인 상처도 치유해주려고 하였다.

〈아들러의 생활방식 4가지 유형〉

유형	특징
지배형	자기 주장적·적대적·공격적 성향
기생형	타인에게 받는 것만 집착함. 베풀지 않음
회피형	활동성이 낮고 문제 회피적임
사회형	활동성이 높고 타인에게 헌신적임

남성과 여성의 **콤플렉스**를 벗어나
긍정으로 **행진**하라

필자는 시골에 사는 예쁘장하지만 가난한 소녀였다. 그리고 경제적으로 궁핍한 부모님을 떠날 수가 없어 원하는 대학에도 가지 못했고 원하는 직업을 가질 수도 없었다. 미래가 불투명하다고 생각하면서 남루하고 처절하게 20대를 보냈다. 나에게 있던 것은 오직 절대 꿈을 포기할 수 없다는 열망뿐이었다. 아무런 경제적 자원이 없었다. 그래서 가난한 생각, 감정, 행동의 콤플렉스가 늘 그림자처럼 뒤따라 다녔다. 그러던 필자에게도 다시 공부할 수 있는 기회가 35살에 찾아오게 되었다. 필자가 심리학을 공부하면서 자기 정체감과 자존감을 갖기 시작했고 이제는 '쓰기 불안'에서 벗어나 자신의 생각을 정리하며 글도 쓰고 있다.

여러분을 괴롭히고 있는 콤플렉스는 무엇인가?

필자를 괴롭힌 콤플렉스는 3가지가 있었는데 20대에는 신데렐라 콤플렉스와 장녀 콤플렉스에 시달렸고 결혼한 30대에는 슈퍼우먼 콤플렉스였다.

　결혼하기 전에는 큰딸로서 집안과 동생을 위해 무조건 희생하고 집안을 일으켜야 한다는 사명감이 필자를 무겁게 했고, 학벌과 경제력을 소유한 결혼상대자를 만나 유년기의 어려움을 보상받으려 했다. 결혼한 후에는 직장일과 가정일 모두 흠 잡히지 않으려고 무던히도 노력했다. 즐거워서 한 것이 아니라 시댁과 남편에게 흠 잡히기 싫어서, 잘 보이려고 무진장 애를 썼다.

　그러던 어느 날(결혼 5년차) 인생에 회의가 오기 시작했다. 필자의 감정욕구와 표현의 욕구는 무시될 때가 많았고 시댁, 남편에 의해 조종당하는 듯한 자아는 행복하지 않았다. 그러나 가정의 평화에 의존하고 싶었고, 그것이 그럴듯하게 보였다. 이렇게 가면을 쓰고 살다가는 화병이 올 것만 같았다.

　진정한 자아와 만나고 자기 정체성을 찾자. 청소년기에 찾아야 했지만, 심리적으로는 아직 성장을 다하지 못한 자아를 성장시키려면 독립적으로 설 수 있는 능력이 꼭 필요했다. 정신적인 독립과 경제적인 독립, 둘 다 중요하다.

　물론 필자는 맞벌이를 하였다. 필자는 당당하게 친정동생(대학원생)의 학비와 용돈을 지원하였다. 그리고 시댁의 12번이나 있는 추모제(제사)나 행사도 주체성 있게 치러냈다. 중요한 일(공부)이 있으면 미리 말씀드리고 참석하지 않았다.

　맨 처음에는 남편이 이해하지 못했지만 필자의 목표가 확고부동한 것을 알고 서서히 이해하여 주었다. 물론 갈등의 시간도 있었지만 자신의 정체성과 인생의 목표를 찾지 못하고 전통적인 성역할에 충실할 것을 원하는 시댁의 요구에만 부응했다면 필자의 내면세계는 공허했을 것이다.

우리 사회는 아직도 사회변화에 따른 성역할의 변화에도 불구하고 남성과 여성의 지위와 역할은 참 불공평하다. 남성은 공격적이고 독립적이고 적극성과 활동성을 지니기 때문에 사회활동에 적합하다고 생각하며, 여성은 부드럽고, 타인에 대한 배려를 잘하며 순종적, 비논리적, 의존적이며 감정에 좌우되기 쉽다고 보고 가사와 육아, 가정 내 역할이 적절하다는 믿음을 강화시키는 것이다. 콤플렉스에서 벗어나려면 우선 주위 시선, 즉 외적인 타인의 눈에서 벗어나 무엇보다도 내적인 나의 목표와 독특하고 특별한 나 자신과 조우해야 한다.

타인의 눈에 비친 내가 완벽하길 기대하는 것은 지나친 욕심이다. 시댁과 남편의 요구는 끝도 없다. 요리, 청소, 각종 행사를 처음부터 완벽히 잘하면 기대효과로 인해 더욱 잘해야 한다. 적당한 선에서 자를 수 있어야 자신이 행복해질 수 있다. 우리는 그들의 꼭두각시가 아니기 때문이다. 당당히 자신의 길을 가라. 무소의 뿔처럼 ……,

〈콤플렉스 유형〉

남성 콤플렉스	여성 콤플렉스
사내대장부 콤플렉스	착한 여자 콤플렉스
온달 콤플렉스	신데렐라 콤플렉스
외모 콤플렉스	외모 콤플렉스
장남 콤플렉스	장녀 콤플렉스
성 콤플렉스	성 콤플렉스
지적 콤플렉스	지적 콤플렉스
슈퍼맨 콤플렉스	슈퍼우먼 콤플렉스

출처: 여성을 위한 모임(1994), 『7가지 여성・남성 콤플렉스』

만족감을 유지하기 위해

> "성공적인 결혼준비, 결혼은 요행이 아닙니다. 내가 같이 참여하여
> 개척해야 할 황무지이며, 경작해야 할 농지라고 생각해야 합니다.
> 결혼은 사랑이 변신한 무덤도 아니며, 기화요초의 찬란한 낙원도
> 아닙니다. 사랑과 신념과 성실, 이것이 가장 큰 결혼 지참금입니다."

위의 글은 이향아 작가의 『아름다운 처녀들에게』 나와 있는 글이다.
참으로 마음에 와 닿는 글이다. 30대에 이 글의 진수를 알고 실천했다
면, 필자의 결혼생활은 더욱 빛났을 텐데 하는 조금 아쉬움이 남는다.

필자는 자신에 대해 정의하길 나는 늦게 피는 꽃인가 보다. 자신에
대해서, 인생에 대해서, 결혼에 대해서 진지하게 생각해본 것이 청소
년기가 아닌 30대에 들어서 진지한 생각을 해보았다. 결혼도 코앞에
닥쳐서 남들이 하니까 나도 해야지 긍정적인 동기가 아닌 외부적이고
타율적인 동기에서 하게 되었다. 결과 타당도를 미리 알면 우리 인생
은 얼마나 진보하게 될까? 그러나 인생은 한치 앞을 내다볼 수 없다는
역설을 가지고 있다.

결혼은 인생에서 너무나 중요한 일이기 때문에 심사숙고해서 현명하게 결정해야 하는 일이다. 다행히도 부모님들의 선견지명으로 필자의 단점을 보완해줄 수 있는 남편을 만나게 되었다. 필자는 남편을 '도깨비 방망이'로 생각했다. 남편의 선함을 이용해 하고 싶은 일과 사고 싶은 것은 모두 사야 직성이 풀렸다. 남편은 친정동생들과 친정엄마에게 물질적으로, 정서적으로 많은 지원을 해주었다. 그러나 욕망이라는 것은 끝이 없어 타인과 늘 비교로 괴로웠다. 지금 생각하면 참 어리석었다. 좋은 삶에는 절제라는 미덕이 꼭 필요한데 절제를 모르고 소비를 존재의 이유로 생각했다.

필자는 경제적으로 참 미성숙하였는데 남편은 진정한 어른이었다. 무조건적인 인정과 긍정으로 아버지처럼 사랑해주었다. 이제 물질보다는 내면에 더 많은 관심이 있다. 성숙한 남편으로 인해 성장하고 있음을 감사한다. 성숙한 사람의 행동기준은 다음과 같다.

첫째, 만족 지연 능력이 있다. 당장의 만족보다는 미래의 더 많은 보상을 위하여 오늘을 충실히 보낸다. 계획적으로 저금하는 습관이 여기에 해당된다.

둘째, 성숙한 사람은 독립적이다. 결혼 후에도 툭하면 부모님들에게 경제적·정서적으로 의존하는 경우가 있는데 이는 진정한 성인이라고 할 수 없을 것이다. 자기 문제는 자기가 해결하는 태도가 바로 성인이 하는 행동이다.

셋째, 현실의 상황을 직시하는 능력이 있다. 현실이 아무리 고통스럽더라도, 현실도피나 망상에 사로잡히지 않는다. 또한 현실을 과장되게 보지 않고 실패하더라도 다른 방법이나 문제해결에 접근하는 용기를 가지고 있다.

넷째, 성숙한 사람은 남의 말에 동요하지 않는다. 남들의 평가를 참고할 뿐 남의 비난, 칭찬, 아첨에 흔들리지 않는 자기중심과 자기 정체성을 가지고 있다.

다섯째, 자기 자신을 수용할 수 있다. 자기를 알고 이해하고 받아들이는 사람만이 타인을 알려고 노력하고, 타인을 이해하고 받아들이게 된다.

자기 자신의 장단점을 충분히 지각하고 자신의 행동에 책임을 질 줄 아는 행동을 말한다. 자기의 부족한 점이나 실수에 대해 변명하지 않고 남의 탓을 하지 않고, 그것을 자기 발판화하여 실수를 되풀이하지 않는 것이다. 우리가 성숙할 수만 있다면 우리는 더 많이 행복해질 수 있다.

'고난 앞의 오뚝이' 우리 어머니

　11시쯤 남편은 누군가와 통화 중이었다. 남편은 급하게 옷을 입더니 말없이 나갔다. 무슨 일인지 남편에게 전화를 걸어 알아보았더니 "아빠, 외할머니 가게가 불타고 있어요" 하면서 아들이 다급하게 아빠에게 올 것을 요청한 것이었다. 남편은 작은아이와 아내가 놀랄 것이 걱정되어 조용히 나갔던 것이다.

　친정엄마는 시장에서 작은 '부식가게'를 하시는데 저녁 늦게까지 가게 문을 열어놓으니 새벽에 일찍 일어나 나오시기가 힘이 들어 가게에 딸려 있는 방에서 주무시다가 사고가 난 것이었다.

　친정엄마와 필자의 아들이 자고 있는 한밤중에 친정엄마의 귓가에 "탁탁" 소리가 들리는 것이었다. 엄마는 추운 겨울에 바람 부는 소리인가 하고 대수롭지 않게 생각하였으나 혹시나 하고 밖으로 나가셨더니 바로 건너집이 불타고 있었다. 그 불은 순식간에 바로 옆에 있는 두 집과 뒤에 있는 집으로 옮겨 붙고 있었다. 친정엄마는 자신의 가게에 불이 붙는 것을 보시고 급하게 손자를 깨워 밖으로 나오신 것이다. 다행히 주변 사람들의 도움으로 소방차가 왔고 인명피해는 없었다.

불안한 마음이었지만 작은아이를 데리고 갈 수도 없어 무작정 기다리고 있었는데, 아들과 남편은 2시쯤 집으로 돌아왔다. 아들은 생에 처음으로 '위기 경험'을 겪었다. 아들의 심장이 빠르게 급히 뛰고 있어서 안아주면서 진정시켰다.

불행 중 다행으로 친정어머니의 지혜롭고 신속한 위기 대처능력이 새삼 감동스럽게 다가온다. 밤중에 친정어머니에게 전화를 걸었다.

"엄마, 괜찮으세요."

"이제 애들 여기서 재우지 마라."

엄마는 그 와중에도 당신 놀란 것은 하나도 말씀 안 하시고 끝까지 자식과 손자 걱정뿐이신 어머니의 마음을 생각하니 슬픔과 감사함이 밀려왔다. 잠시 침묵의 시간이 흐르고 나는 겨우 입을 열었다.

"엄마 불난 가게는 불일 듯 일어난다니 힘내세요."

가게에 불이 난 사건으로 두 가지 생각, 즉 죄책감과 감사함이 교차했다. 우선 맏딸로서 60세가 넘으신 어머니가 힘들게 장사하는 것에 죄책감이 느껴졌다. 다른 하나는 그래도 어머니의 강인한 위기 대처능력으로 어머니와 아들이 무사한 것이 너무나 감사했다.

그렇다. 어머니는 결혼 40여 년 세월 동안 우리 삼남매에게 눈물한번 보이시지 않은 강인하신 분이셨다. 당신도 여리고 연약한 여성이었지만 몸이 약한 아버지를 대신하여 생활을 책임지시면서도 한번도 삶의 조건에 불평하신 적이 없으신 긍정적인 분이셨다. 어머니는 결혼생활 동안 '위기 사건'을 여러 차례 겪으셨다. 아버지의 잦은

병치레, 아버지의 암 투병과 사망, 세 자녀의 성장 기간의 그 숱한 가슴앓이를 누가 짐작이나 하겠는가? 그래도 어머니는 특유의 낙관적인 성격으로 아버지와 자식들을 다독이셨다. 언제나 고난 앞에 오뚝이 같으셨던 어머니, 평생 달콤한 아침잠 한번 주무신 적이 없으셨던 어머니!

우리 어머니! 사랑하고 존경한다.

어머니, 긍정적인 사람을 찾으러 멀리 다녔는데 이제야 깨닫게 됩니다. 어머니는 말로만이 아닌 당신의 삶으로 긍정적인 삶의 본보기를 보여주셨습니다. 언제나 자신이 할 수 없는 일을 비관하시지 않고 할 수 있는 일을 꾸준히 쉬지 않고 하셨습니다.

어리석고 못난 딸은 이제야 조금 알게 되었습니다. 어머니, 당신 인생은 긍정적 삶의 증거이자 표본 이었습니다.

아버지의 **위대한 유산**은 성실함과
타인에 대한 **긍정**

심리학자 칼 모리츠는 이런 말을 했다.

"인간에 대한 진실한 관찰자가 되려는 사람은 자기 자신에서부터 출발해야 한다. 즉, 아주 어릴 적 어린 시절부터 스스로의 가슴으로 느끼고 겪었던 자신의 역사부터 가능한 한 진실하게 보여주어야 한다."

칼 모리츠는 심리 관찰자로서의 출발은 자기 자신을 오픈하는 것이라고 충고한다. 오픈하고 통찰적 시각을 획득하면 치유하기 쉽다.

필자의 아들은 잠들기 전 옛날이야기 하는 것을 너무도 좋아한다. 그래서 적당히 필자의 어린 시절 일화'근원적 체험'을 각색하여 이야기해주면 아주 행복해한다.

"엄마, 외할아버지는 어떤 분이셨어요"

어느 날, 아들이 물었다. 기억속의 아버지를 회상해보았다. 26세 되던 1월, 술을 너무나 좋아하셨던 아버지는 간암으로 돌아가셨다. 한겨울 차가운 땅에 아버지를 묻으면서 얼마나 서럽게 울었는지 모른다. 지난 세월 동안 얼마나 원망했는지 모르는 아버지…… 현실에 비적응적인 아버지를 대신해 생활전선에서 고생하시는 어머니에게 과부라는 '외로운 호칭'까지 하나 더 만들어준 아버지가 정말 미웠다. 그리고 할아버지의 유산인 땅을 헐값에 팔고 어머니에게 미안한 마음과 화병으로 술만 드시던 아버지…… 온갖 원망과 사랑과 연민의 마음이 뒤범벅되어 아버지의 무덤 앞에서 한없이 울었다. 효도 한번 못하고, 원망의 실타래를 채 해원하지도 못하고 땅속으로 묻히는 한 존재를 보면서 다짐했다. '절대로 아버지처럼 살지 않을 것'이라고……

그 후로 오랫동안 아버지에 대한 미움과 그리움을 마음속에 꼭꼭 숨겨두었다. 될 수 있으면 아버지 이야기를 덮어두려 했다. 그러나 과거의 아버지와 화해하는 일은 필자의 인생에서 정말 중요하고 가치 있는 일이라는 것을 알게 되었다. 건강한 부모가 되기 위해서 더 이상 과거의 미움감정에 사로잡혀 있으면 안 되기 때문이다. 그리고 이제는 아버지의 좋은 점만 기억하려 한다. 아버지! 아버지의 좋은 모습은 애써 외면하고 아버지의 아픈 모습, 약한 모습만 보았던 저의 못남을 용서해주세요. 아버지는 순수하시고 거짓말 하나 못하시는 그런 분이셨다. 현실적인 적응이 어려우셨던지 서른이 넘어 배운 술을 너무도 좋아하셨다.

천상병 시인처럼 거지들과 벗하셨던 나의 아버지, 자신보다 약한 사람들의 어려움을 늘 안타까워하시면서 노인들의 무거운 짐을 대가 없이 역전이나 버스정류장까지 들어다주시던 분. 어머니가 하시던 가게에서 아버지가 콩나물을 팔면 언제나 밑지는 장사를 하셨다. 아버지의 좋은 점은 인식하지 못했지만 스펀지가 물을 흡수 하듯이 필자의 것이 되었다. 아침 일찍 일어나 소 여물을 끓이시던 아버지의 부지런함이 고스란히 필자에게서 아들에게 전해졌다. 길에서 만난 이웃에게 웃으면서 열 번이라도 깊숙이 고개 숙여 인사하시던 예의는 필자의 아들이 제일 잘하는 점으로 이어졌다. 필자의 별명은 '안녕하세요, 아줌마'이고, 아들은 왕따당한 친구와 제일 잘 놀아주는 '마음 짱'인 소년이다.

아버지의 유산은 돈으로 따질 수 없는, 더불어 함께하는 삶에서 정말 가치 있는 자산이었다. 오랫동안 아버지가 실패한 삶이라고 생각했다. 그래서 되도록이면 아버지로부터 멀어지려고 했다. 세상의 가치관인 '효율성과 생산성'의 잣대로 보면 아버지는 분명 실패한 삶이지만 의미 있는 삶의 가치 기준으로 보면 아버지는 분명 성공한 삶이다. 만일 필자에게 좋은 점이 있다면 그것은 소박한 농부이셨던 아버지로부터 온 것이다.

아버지의 유산은 다름 아닌 부지런함, 예절과 예의, 타인에 대한 무한대에 가까운 긍정이셨다. 너무나 경쟁적인 이 세상! 아버지처럼 져주면서 살겠다고 마음먹어본다.

절망하는 자와 **일어나는 자**

　필자가 대학원 공부를 할 때, 조금 엄격한 교수님에게 동료들 앞에서 심한 꾸중을 듣는 사건이 발생했다. 물론 이 사건은 대학원생들의 비공식적인 뒷담화로 이어져 필자를 괴롭게 했다. 생각하기 나름이지만 남의 말 좋아하는 부정적인 사람들은 리포트가 성의 없어서, 필자가 실력이 없어서 교수님이 화가 나 꾸중을 한 것이다 등등 많은 말들을 만들어냈다. 한 학기 동안 휴학을 했다.

　좌절감에 빠져 지낼 수도 있지만 그 기간 대학 강의와 내공을 쌓는 독서 그리고 소년원에서 긍정심리 치료로 봉사했다. 그리고 조금 엄격한 교수님의 꾸중을 긍정적으로 재해석했다. 자신의 실력과 내공을 쌓으라는 저 우주의 통보라고……. 일시적이지만 필자도 그 당시에는 좌절감을 경험하였다.

　좌절감이란? 원하는 목표가 지연되거나 차단될 때 경험하는 부정적인 상태이다. 좌절감은 목표를 향하는 욕구를 방해하는 장애물이 나타나 경험하게 되는 것으로 장애물은 내적 장애물과 외적 장애물로 구분된다. 외적 장애물로는 물리적·사회적 요인이 있고, 내적인 장애물로는 신체적·심리적 요인이 있다.

아프리카 흑인들, 남아메리카의 인디언, 서인도 제도의 마오리족 등 원시부족들이 믿는 부두교라는 종교가 있다. 부두교의 주술사는 초인간적이고, 신비로운 힘과 막강한 권력을 행사하는 것으로 알려져 있다. 주술사가 주술을 행하다가 금기시한 행동을 저지른 혐의를 받은 한 사람에게 수 시간 내로 죽을 것이라고 말하면 그 사람은 격렬하게 몸을 떨다가 수 시간 내에 사망하는 일들이 종종 보고 되고 있다. 이러한 현상에 대해 궁금증을 가지고 과학적 연구를 한 연구자는 미국의 스트레스 연구자인 월터 캐논(Walter Cannon)이다.

월터 캐논의 연구에 의하면 고양이가 개의 공격을 직면하게 하면 고양이는 분노와 공포감을 일으켜 교감신경의 과다활성화로 죽게 된다는 것을 알게 되었다. 부두교 신자는 사회적으로 권위 있고 힘이 있는 주술사가 한 말에 교감신경의 과다활성화로 인해 사망에 이르게 된 것이다.

그러나 과연 동물이나 인간의 급사 원인이 교감신경의 과도한 흥분에만 있는 것일까? 여기 정답이 있다. 리히터(Herman, Eberhard Richter)라는 의대 심리학자가 쥐를 대상으로 실험을 하였다. 30인치 높이에서 차가운 물에 쥐를 떨어뜨리는 실험이었다. 대부분의 쥐들은 20분 내로 교감신경계의 과다활성화로 죽었다. 그러나 처음 20분을 살아남은 쥐들은 1~2시간 이상 수영을 계속하였다. 20분 내로 죽은 쥐들이나 극소수의 살아남은 쥐들이나 교감신경계의 활성화 수준은 비슷하였다. 20분 내로 죽은 쥐들은 극도의 공포상태에서 수영하기를 곧 포기하였다. 다른 점은 극소수의 살아남은 쥐들은 수영하는 것을 끝까지 포기하지 않았다는 점이다.

절망하는 자와 일어나는 자의 중요한 차이점은 바로 이것이다. 절망하는 자는 그 상황에 함몰되어 어떠한 시도도 하지 않고 불행한 상황을 벗어나거나 개선하려고 시도하지 않는다. 일어나는 자는 그 상황에서 자신이 할 수 있는 그것을 최대한 열심히 한다. 절망적인 생각은 우리의 마음과 신체의 근육과 행동에 막대한 영향력을 행사한다. 필자는 위의 두 연구자, 월터 캐논과 리히터에게 감사한다.

우리는 매일 만나는 현실에서 '찬티'만 만날 수는 없다. 어려움과 공포의 사회적 대상, '안티'를 만나기도 한다. 우리는 우리 자신을 향한 안티들의 부정적인 말과 평가 앞에서 좌절과 절망의 마음 상태로 쓰러지는 것이 아니라 일으켜 세워야 한다. 그때마다 리히터의 포기를 몰랐던 쥐를 생각하자. 처음 20초를 교감신경의 과다흥분에도 불구하고 계속 수영하기를 멈추지 않았던 희망의 '미키 마우스'를 마음의 책갈피에서 꺼내보자. 분명 미키마우스들이 원자력 에너지를 당신의 영혼 속에 각인시켜줄 것이다. 그러므로 당신은 신체적·심리적 에너지를 충전 받아 곧 리소스풀한 상태로 변화될 것이다.

꿈꾸는 자들은 움직인다

　결혼을 하고 아이를 낳고 남편 뒷바라지를 하는 아내들은 자신의
정체성은 물론 자신의 꿈과 목표를 잃어버리고 살아가기 일쑤이다.
그들은 목적 없는 남의 인생을 살기에 인생의 공허함을 지울 수가 없
다. 몰입이 없기에 인생이 무의미하고 권태롭다. 마음에 무엇을 담을
것인가에 대한 고민과 성찰이 필요하다.

　필자가 태어난 고향은 시골, 그야말로 '깡시골'이다. 춘천 시내에서
1시간가량 배를 타고 들어가서 어른 걸음으로 1시간을 족히 걸어가
야 하는 시골 촌 동네였다. 25가구가 사는 평화롭고 조용한 마을이었
다. 그곳에서 가장 인텔리 집안은 바로 우리 아랫집에 사시는 분으로
춘천사범학교를 졸업한 마을 이장님이다. 그 이장님의 주선으로 가을
이 되면 한적한 이 시골에 대학생들이 봉사를 나왔다. 어린 눈에 비
친 언니, 오빠들은 어찌나 멋있던지 마치 신천지에서 온 사람들과 같
았다. 대학생 오빠들은 가을 추수를 도왔고 대학생 언니들은 어린 우

리들에게 영사기에서 나오는 영화를 보여주고, 공부, 그림책, 춤, 무용 등을 가르쳐주었다. 한 달간의 교육과 봉사기간이 끝나는 날에는 초라한 마을회관에서 성대한 잔치를 열었다. 어린 필자에게 처음으로 큰 세계를 보여주고 꿈을 심어주었던 그 대학생 언니들…… '나도 크면 저 언니들처럼 대학생이 되어서 다른 사람들을 도와주어야지.' 내게는 인간 천사와도 같았다. 나도 크면 저런 언니가 되어야지 조그만 계집아이의 마음에 꿈을 심어준 최초의 사람들이었다.

그 후 많은 시간이 흘렀고 아내가 되었고, 한 아이의 엄마가 되었다. 인생을 낭비하고 살지는 않았지만 뭔가 중요한 것이 빠진 삶이었다. 곰곰이 생각해보니 그것은 다름 아닌 심사숙고해서 세운 인생의 꿈이었다. 꿈이 결여된 인생은 과녁 없이 여기저기 쏘아대는 화살과도 같다. 결실과 열매 없는 열심은 공허한 것이다. 34세가 되도록 필자는 꿈에 대해 진지한 고민을 하지 못했다. 꿈이 없는 인생은 공허하고 무의미하다. 아무리 남편이 출세를 하고 자식들이 잘된다 하더라도 거기에서 모든 인생의 만족을 얻을 수는 없다. 자신만의 고유한 영역에서 인정받고 성공하는 여성은 자기에 대한 신뢰감이 있다.

마음이라는 그릇은 필자가 마음의 작용을 깨달아 연구해 보고 싶은 영역이다. 조금 늦은 감이 있지만 심리학을 공부하고 강의하는 것을 목표로 잡았다. 목표를 갖게 되자 시간을 조금 더 효율적으로 쓰고 싶어 '시간관리' 테이프를 듣게 되었고, 심리학 공부를 하며 특히 관심을 갖게 된 부분이 바로 성공하는 사람들의 특징인 낙관주의를 소유한 사람들에 관한 부분이다. 이렇듯 목표는 인생의 중요한 것들을 만나게 해주는 출발선이 된다. 인생에 목표가 없었다면 필자는 아마도 '배부른 돼지'나 '된장녀'로 만족하였을 것이다.

목표를 세운 뒤 필자는 4년 뒤에 S대학에서 강의도 하게 되었다. 심리이론에는 '피그말리온 효과'라는 용어가 있는데 이것이 뜻하는 것은 간절하게 무언가를 기대하고 소원하면 이루어진다는 것을 의미한다.

이 용어는 그리스 신화에 등장하는 키프로스라는 나라의 피그말리온 왕의 이야기에서 유래된다. 피그말리온 왕의 고상한 취미는 조각하는 것이었다. 그러나 어찌된 일인지 피그말리온 왕은 결혼에는 관심이 없었다. 어느 날 그는 상아로 자신의 마음속에 그리던 여인상을 조각했다. 완성된 조각품은 너무나 아름다웠다. 피그말리온 왕은 매일 같이 조각상을 바라보다가 그만 사랑에 빠지고 말았다. 피그말리온 왕을 안타깝게 바라보던 여신 '아프로디테'는 상아로 만든 여인상에 생명의 숨결을 불어넣어 살아 있는 여인으로 바꿔주었다.

당신의 인생이 허무한가? 무의미한 인생을 의미 있게 만들어가고 싶다면 꿈을 가져야 한다. 그리고 그 꿈을 이루려고 간절히 열망해야 한다. 피그말리온 왕처럼⋯⋯.

짜증나는 상황에서도 **감사한 일**을 찾는다

2학년 된 아들의 구구단 외우는 것을 도와주고 있다. 아들의 구구단 외우는 실력은 사실 그대로 보면 형편없다. 벌써 4개월째 외우는데도 아직도 많이 헷갈린다. 2, 3, 4, 5단은 그런대로 하는데 6단부터는 필자의 참을성을 테스트한다. 아들이 6단을 자신 있게 외우지만 몇 개는 실수를 한다. 필자는 아들에게 이렇게 말했다.

"아! 조금 다를 뿐이야. 조금만 노력하면 완벽하겠는걸."

두 번째도 아들은 실수를 한다.

"우와! 아주 잘했어. 넌 누굴 닮아 이렇게 똑똑하니? 너는 머리도 좋지만 노력도 많이 하는구나!"

필자는 아들에게 끊임없이 칭찬세례를 퍼붓는다.

그전에는 이런 상황에서 화를 참지 못했다. 아니 세 번은 참지만 이내 감정은 화산처럼 폭발한다. 아들은 필자를 닮아 언어지능과 자기 성찰 지능은 높지만 운동신경과 수학적 계산능력은 둔한 편이다.

아들의 흠만 찾는다면 화가 나고, 아들은 상처를 받을 것이다. 이런 상황에서는 먼저 주위를 환기시킬 필요가 있다. 화장실 가는 척하면서 물 한 모금을 마시고, 먼 산의 경치를 감상한다. 그리고 아들에게 돌아온다.

필자는 힘든 상황에서 세 가지를 실천한다. 호흡을 가다듬고, 그 일을 다른 관점에서 바라보는 신사고를 하고 마지막으로 감사노트를 적는다. 언제든 상황이 중요한 것이 아니라 상황에 대한 해석이 중요하다. 아들 입장에서 보면 얼마나 열심히 노력을 했겠는가? 그러니 아들의 입장으로 관점을 바꿔 노력에 대한 보상과 칭찬이 있어야 한다.

화가 나는 상황에서는 관점을 조금만 돌려 감사한 일 세 가지를 찾는다.

> 첫째, 아들과 함께 있어 감사하다.
> 둘째, 아들이 노력형이니 감사하다.
> 셋째, 아들이 건강하니 감사하다.

감사의 효과는 대단하다. 감사는 스트레스를 줄여주고 부정적인 감정을 완화시켜주고 신체적인 건강상태도 증진시켜준다. 우리 마음은 그릇에 해당한다. 마음이 감사하고 고마운 마음으로 가득 차 있으면, 남을 미워하거나 증오하는 마음이 들어올 수가 없다. 우리 마음의 그릇에 찌꺼기가 끼어 있고 청소가 되어 있지 않을 때 부정적인 감정이 찾아와 둥지를 튼다. 감사와 미움은 한 마음의 그릇에 공존할 수 없다. 감사의 긍정상태를 가득 채워서 부정적 감정을 제지하는 행동치료 원리를 '상호제지의 원리'라고 한다.

대부분의 사람들은 감사한 것이 있어야 감사할 수 있다고 생각한다. 특히 내게 행운이 찾아오면 감사할 것이다. 특별히 외적 환경이 많이 변해야 감사할 것이라고 한다. 그러나 진정한 감사는 작고 사소한 것을 발견하는 심미안에서 출발한다. 감사노트에 기록하는 것만으로 끝나는 것이 아니라 내 가족에게, 나의 친구에게, 동료에게 감사하다는 표현을 해보자.

감사할 줄 아는 사람의 심리적 장점은 세 가지이다.

첫째, 감사할 줄 아는 사람은 낙관적이고 타인과 세상을 귀중히 여긴다.
둘째, 타인의 작은 선의에도 보답하려고 한다.
셋째, 자기 긍정과 타인 긍정의 심리적 기저선을 가지고 있다.

* 다중지능 이론: 각 지능들은 그 지능과 관련된 상징체계를 빠르게 배우고, 그와 관련된 문제를 해결하며 그 상징체계를 창조할 수 있는 능력이다. (문용린, 『지적혁명』)

지능	상징체계
언어지능	음운, 어문, 의미
음악지능	가락, 리듬, 소리
논리수학지능	숫자, 규칙, 명제
공간지능	도형, 그림, 지도, 입체설계
신체운동지능	춤, 운동, 표정연기, 악기연주
인간친화지능	사회적 단서(몸짓, 표정)
자기성찰지능	자아에 대한 상징 (예를 들면 꿈과 예술작품 등에서 나타나는 것들)
자연친화지능	동식물과의 상호작용에서 사용되는 것들

시어머니의 더 아픈 손가락을 이해하고
수용하는 지혜와 접속하다

예전에 시집살이의 고충을 귀머거리 삼 년, 벙어리 삼 년, 맹인 삼 년이라고 하였던가? 필자의 시집살이는 이에 못 미치는 7년이었다. 시어머니는 먼저 시집온 손아랫동서를 필자와 비교하시면서 지독하게도 편애하셨다. 용돈은 큰며느리가 드렸지만, 그 용돈으로 조카들 옷을 사주고 동서에게 생활비를 대주시곤 하였다. 심지어는 나이가 같은 큰며느리 아들과 조카의 추석선물은 다른 것으로 준비하셨다. 조카는 꼬마 신사복, 큰며느리 아들은 고무줄 바지였다. 사소한 것에서부터 문제가 생기면 돈을 내는 것은 큰아들, 큰며느리 차지가 되었다. 예를 들면, 집에 비가 새면 그 돈은 당연히 큰며느리 차지, 땅에 흙을 퍼 담아야 하는 굴삭기 공사비는 큰아들 몫이었다.

정말 시어머님은 큰며느리를 알차게도 써먹으셨다.

"큰며느리는 하늘에서 내린다."

이 말 한마디는 필자의 파블로프 종소리가 되어 오랫동안 지배했다.

손아랫동서는 필자와는 다른 과묵하지만 실속 있는 과에 속한다. 어머님이 약간 쉰 콩나물을 내오셔도 함께 먹을 줄 아는 현명함(?)을 가지고 있다. 필자의 지극히 상식적인 말도 시어머니에게는 '건강염려증'에 오버하는 며느리로 비춰졌다.

"어머님, 이거 드시면 안 돼요. 아까워도 버리셔야 해요. 상했어요."

어머님의 사고방식으로는 쉰 음식이라도 버리기 아까운 음식이다.

그동안의 마음고생을 열거하자면 온 지면을 할애해도 모자란다. 늘 큰며느리는 돈을 쓸 때 필요한 화수분이요, 당신이 무엇인가를 줄 때는 다른 자식이 먼저요, 큰며느리와 큰손자는 두 번째, 세 번째였다. 어머님께 가장 아픈 손가락은 막내아들과 며느리였다. 큰며느리가 마음을 다해드려도 시어머님은 큰며느리의 '이용가치'만 따지셨다. 인간적인 불쌍함이나 같은 여자로서 연민의 마음은 조금도 없으셨다. 정말 힘든 시집살이였다.

시어머니의 편애의 답은 우연히 접한 불교방송과 만화책 『서유기』를 통해 찾게 되었다. 시어머니의 차별적인 행동을 늘 집에 와서까지 '질투는 나의 힘'으로 사용하며 필자는 두 번째 화살을 맞고 있었다.

"두 번째 화살을 맞지 마라."

"살아가면서 부딪히는 희로애락은 그 자체로는 번뇌가 아니다."

"그 사건에다 전도망상을 덧입힘으로써 번뇌를 만들어가는 것이다."

이것이 바로 두 번째 화살에 해당된다. 그동안 괴롭혔던 온갖 미움은 스스로 나에게 덮어씌운 두 번째 화살이었다.

중국 사대기서의 하나인 『서유기』에는 삼장법사, 저팔계, 손오공 등이 등장한다. 손오공은 도술실력이 뛰어난 반면, 성질이 불같아서 열 받으면 오버한다. 이에 비해 저팔계는 손오공에 비해 도술실력이 부족하고 음식을 보면 사족을 못 쓴다. 사고는 저팔계가 치고 손오공은 뒤치다꺼리를 한다. 저팔계는 질투심이 강해 손오공이 잘되는 꼴을 보지 못한다. 이러한 관계이다 보니 둘은 사사건건 부딪친다. 그런데 어찌된 일인지 삼장법사는 늘 저팔계를 편애하고 손오공을 구박한다. 참 뜻밖이다. 많은 연구결과 삼장법사와 저팔계는 오행상 체질이 비슷한데, 삼장법사와 손오공은 상극하는 관계라는 것이다.

필자는 시어머니의 편애의 상처를 '두 번째 화살'과 삼장법사가 손오공을 구박한 것에서 많은 위로와 '씻김'을 받게 됐다. 인간이 마음먹으면 안 되는 것이 없다고 생각한 개척론자가 40대가 되어서야 운명애를 갖게 되었다고 할 수 있을까? 시어머님은 막내동서와 성격과 체질이 비슷했다. 그래서 편하고 마음으로 끌렸던 것이다. 마음으로 좋은 걸 어찌할까? 시어머니를 향한 짝사랑은 10년으로 끝나고 이제는 온전히 그분을 이해하고 사랑하련다. 늙으면 애가 된다 하지 않던가?

조해리의 창에 대한 새로운 해석
–죽어가는 노인은 불타고 있는 도서관이다

나 자신에 대해 더 깊이, 더 넓게 볼 수 있는 시각을 획득하게 해주는 '정신적 키다리'와의 교류를 갖기를 원한다면 어떻게 해야 하는가? 그런 멘토는 우연히 생기지 않는다. 의도적이고 인위적인 노력이 필요하다. 우리나라 속담에도 '우는 아이에게 떡 하나 더 준다'는 속담이 있지 않은가? 그리고 멘토를 대하는 최소한의 예의와 매너 그리고 밥값 정도는 준비해야 한다.

대화할 때 대화하는 사람의 인격과 지적 수준이 둘 다 비슷하다면 대화를 통해 문제해결을 하기보다 삼천포로 빠지기 쉽다. 대부분 아줌마들끼리 대화를 하다 보면 생산성 있는 대화보다는 신세한탄, 남흉보기, 가십거리 찾기로 빠진다.

자신보다 지적이고 경험이나 인격적으로 더 나은 사람을 만나서 대화하면, 대화의 질은 높아지고 자아는 성장한다. 이런 만남을 통해 우리의 자아는 분화와 통합을 거듭하며 성장하게 된다. 상호 간의 개방성이 적절하거나 높으면 인간관계의 친밀감은 높아진다. 그러나 자신과 타인에 대한 이해와 수용 없는 관계에서 한쪽의 일방적인 개방은 대화 후에 자신은 '괜히 말했다'는 자괴감을 감당해야 하고, 상대방으로 하여금 불편함을 초래한다. 한쪽의 개방을 조건이나 이유 없이 수용해주는 넉넉한 인격과의 만남은 모든 판단을 보류하고 그 사람을 진정으로 수용할 때만 가능하다.

치료해주는 대화는 그만큼 인격 있는 대화상대자를 만나야 가능하다. 필자는 그런 분을 멘토로 두고 있는 행운을 가지고 있다. 지도교수님인 안범희 교수님과 '뇌 경영' 부모교실의 박민수 교수님이시다. 안 교수님은 필자의 칭찬거리를 꼭 대학원생들 앞에서 해주시고 단점 지적은 사적인 자리에서 해주신다. 그런데 단점 지적은 거의 안 하신다. 칭찬을 95% 이상 해주신다. 그리고 박 교수님은 필자의 '글'을 읽어주시며 자신감을 북돋워주신다. 수요일마다 있는 '뇌 경영' 교실을 통해 부모 됨의 가치를 일깨워주신다.

더 큰 시각을 가진 '정신'과의 만남은 정말 소중한 일이다. 조해리의 창을 좀 더 넓게 해석하면(필자의 관점) 인간은 자신에 관한 네 가지 영역을 소유하고 있다. 자신만 알고 있는 부분, 타인이 자신을 보는 자신의 장단점, 자신만 비밀스럽게 아는 자신의 장단점, 자신에 대한 잠재 영역과 가능성의 영역으로 구분되어 있다.

자신에 대해서 일깨워주는 '지성의 눈'을 자주 만나는 것은 자신의 장점과 잠재력과 만나고 자신감에 보약을 먹이는 소중한 시간이 된다. 난쟁이는 정신적 키다리에 의지해서 통찰하는 조망적인 관점을 갖게 되는 것이다. 인간의 앎은 단계적으로 한 단계 한 단계 진보한다. 그래서 필자는 나이 든 사람들의 통합된 경험과 사고를 존중한다.

아프리카 속담에 '죽어가는 노인은 불타고 있는 도서관'이라는 말이
있다. 자신에 대해 더 많이 알고 싶다면 나이 든 지성을 활용하라. 다
시 한 번 말하지만 점심값과 예절을 준비하라. 그리고 자신의 귀를
열라.

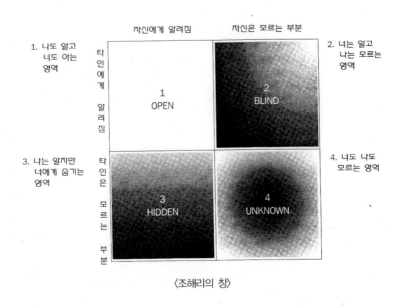

〈조해리의 창〉

오르막길

아들과 함께 안마산 산행을 했다. 중간쯤 가다 보면 두 갈래 길이 나온다. 필자는 아들에게 두 가지 길 중에 하나의 길을 선택하게 한다. 한 길은 완만하게 정상까지 올라가는 길이요, 다른 길은 비교적 가파르고 위험해 보인다. 제일 험한 코스의 오르막길을 택해 올라간다. 아들에게 특별한 경험을 주고 싶기 때문이다. 산행은 우리의 인생과도 같다. 아들이 편안함과 요행만을 바라지 않고 스스로 노력과 땀이라는 대가를 치르고 자신만의 기쁨을 경험했으면 하는 바람에서 가파른 길을 선택했다.

경사가 가파른 오르막길에서는 모든 행동이 조심스럽고, 다른 한편으로는 민첩해야 한다. 아들은 자신의 선택에 의심이 들었는지 낭떠러지를 보며 아찔하고 무섭다며 다른 길로 가자고 조른다. 아들은 얼마 후 언제 그랬냐는 듯이 집중해서 오르막길을 오른다. 태권도를 한 덕분인지 엄마보다도 걷는 실력이 월등히 낫다. 오르막길에서 돌하나를 낭떠러지 아래로 던지기까지 하는 여유를 부린다. 저만치 앞서가면서 엄마에게 어서 오라고 손짓을 한다. 정상에 올라가서 벤치에 앉아 가져온 물을 나눠 마셨다. 그러면서 아들이 말한다.

"올라올 때는 힘들지만 정상에서 내려다보면 기분이 좋다."

이제 9살인 아이에게 너무 강훈련을 하는 걸까? 나는 자타가 공인하는 '타이거 마더'이다. 아이가 스스로 해낼 때까지 기다릴 여유가 없어 과제를 보여주고 제시하는 편이고, 노력의 대가는 확실히 보상해준다. 아들은 이번 산행을 통해 목표를 갖고, 그 목표를 이루기 위해 행동해야 하고, 행동에는 집중 노력하는 단기코스와 자연스럽게 천천히 접근하는 장기코스 중에서 단기코스를 선택했고 목표를 이루는 기쁨까지도 획득했다. 1시간 산행코스를 통해 아들은 '최고 성공공식' 4가지를 접근해보고 실행해본 것이다.

모든 인생의 성공은 4가지를 통해서 획득된다. 지금까지 성공의 사다리를 오른 사람들이 선택한 방법은 최고 성공공식의 원칙준수와 실천에 있었다. 그 공식은 다음과 같다.

1. 목표를 설정한다.
2. 목표를 이루기 위해 행동한다.
3. 나의 행동이 목표에 도달하는 행동인지, 멀어지는 행동인지 점검한다.
4. 목표를 이루기 위해 자신만의 유연성을 발휘하여 전략을 수정한다.

당신은 인생의 장기적인 목표와 그것을 이루기 위한 단기적인 행동목록표가 있는가? 지금까지 없었다면 간단히 작성해보자. 작심삼일이라도 종이에 기록해보자. 작심삼일이라도 쌓이고 연결되면 큰 힘이 된다. 천천히 가더라도 쉼 없이 간다면 정상에 서게 될 것이다. 산행처럼……

빛나는 엄마, 향기 나는 엄마

빛나는 엄마, 향기 나는 엄마가 되고 싶다. 빛나는 엄마, 향기 나는 엄마는 일단 긍정마인드를 가지고 있다고 생각한다. 당신은 무엇을 보는가? 누에고치 속의 나비, 알 속의 독수리, 실패 속의 성공, 죽음 속의 생명, 이기적인 인간 속의 성스러움을 보는가? 무엇을 볼 것인가?

검은 안경을 쓰고 보면 세상이 검정색으로 보인다. 노란 안경을 쓰고 세상을 보면 세상이 노랗게 보인다. 부처의 눈에는 부처만 보이고 거지의 눈에는 거지만 보인다. 이것이 세상이치다. 물론 긍정적으로 살려고 노력하지만 문제를 보면 여기저기 많다. 그러나 초긍정으로 자녀를 품지 못한다면 자녀의 가능성과 잠재력을 바라보는 것이 아니라 자녀의 문제 속에 고착되고 함몰된다.

그래서 필자는 안목을 중요하게 여긴다. 자신의 안목이 없어서 미래에 대통령의 장인이 될 수 있었는데 그 자리를 버린 미국의 농부이야기가 있다.

미국에 농장을 경영하는 농장주가 있었다. 어느 날 한 청년이 찾아와 일자리를 요구하였다. 농장주는 마침 일꾼을 구하던 터라 흔쾌히 승낙했다. 청년은 초라했으나, 늘 단정한 옷차림에 예의바르고 성실하였다. 농장주는 얼마 후 엄청난 사실을 알게 된다. 자신의 딸과 청년이 사랑에 빠진 것이다. 먼저 자신의 딸을 설득하였지만 딸은 그 청년을 깊이 사랑하여 헤어질 수 없다고 하였다. 농장주는 청년에게 심한 꾸지람을 한 뒤 내쫓았다. 30년이 지난 후 농장주는 청년이 묵었던 헛간을 정리하다 청년이 헛간 나무기둥에 새긴 청년의 진짜 이름을 발견하게 되었다. 농장주는 어디서 많이 들어본 이름이라 고개를 갸우뚱하였다. '제임스가필드' 바로 미국의 대통령 이름이 아닌가? 농장주는 자신의 안목 없음을 땅을 치고 후회하였다.

이 이야기는 미국에 있었던 실화이다. 농장주는 미래의 대통령이 될 수 있는 가능성과 잠재력을 인식하지 못하고, 그 청년이 현실에 가지고 있는 것만을 바라보았기에 인생 최대의 실수를 한 것이 아닌가? 엄마들도 많은 실수를 한다. 그중에서도 이 농장주와 같은 실수를 가장 많이 한다. 자녀의 흠만 바라보며 잔소리를 멈추지 않는 실수를 한다. 그리고 그 흠만 생각하고 곱씹는다.

자녀의 가능성과 잠재력을 인정하지 않고, 문제점 한두 가지에 집중한다. 차라리 장점을 극대화하여 단점을 작게 하는 것이 더 현명하지 않은가? 벌과 야단이 효과가 있으려면, 먼저 엄마에 대한 신뢰감이 있어야 한다. 황금률을 적용해보려면 칭찬을 10번 한 후 문제점 두 가지를 말해보라. 그렇게 하면 자녀의 행동에 확실한 변화가 있다.

엄마는 최대한 긍정적인 시각을 가지고 자녀가 할 수 있는 일, 잘하는 일, 하고 싶어 하는 일, 변화될 모습, 자녀의 성장할 모습에 초점을 맞출 필요가 있다. 엄마는 문제상황에서 정화하고 마음의 전망대에 올라 조망적 관점에서 자녀를 바라보아야 한다. 실수에서도 배울 것은 있지 않은가?

　이제는 자녀의 실수와 흠만 바라보지 말고 자녀의 장점과 문제의
해결책을 바라보자.

＊ 자녀의 장점은 숨은그림찾기처럼 보려고 애써야 보인다.

　숨은그림찾기: 우리가 무엇을 볼 것인가에 따라 젊은 여자를 볼 수
도 있고 늙은 여자를 볼 수도 있다. 지각은 부모의 마음속에 있는 자
녀에 대한 동기와 기대를 반영한다.

그녀의 정권지르기

링컨은 이런 말을 했다.

"마흔이 넘으면 자신의 얼굴에 책임져라."

그러나 21세기를 사는 요즘 세대는 링컨의 말을 재해석해서 자신의 삶에 적용시켜야 한다. 마흔이 넘으면 자신의 몸매, 즉 X배에 책임을 지라고 말이다. X배는 신체적·정신적 자기관리를 하지 않은 대표적인 예이며, 게으르고 나태한 삶의 증거이기 때문이다.

늦은 나이에 둘째를 낳고, 모유수유를 핑계 대며 맛있는 것에 끝없는 욕망을 표출하다 보니 필자의 몸은 남편이 말하기를, "오호통재라! 가까이 하기에는 너무 먼 당신이 되어 있었다." 둥그스름한 허리, 두꺼운 팔뚝, 신체적 자존감은 땅바닥으로 떨어지고 있을 때쯤 신문에서 '한국 벨리댄스' 수강생 모집이라는 광고가 눈에 띄었다. 인생은 지식이 아니라 행동이다. 이 말에 동감하고 벨리댄스를 신청하게 되었다.

처음 벨리댄스를 할 때는 태어나 처음으로 운동을 시도하는 필자인지라 무조건 동작을 크게 하였다. 벨리댄스의 우아함을 사라지게 하고 벨리댄스의 운동성만을 극대화하여 내 것으로 만든, 벨리댄스와 에어로빅의 중간 형태라고나 할까? 남의 시선은 멀리하고 열심히 하였다. 이렇게 열심을 낸 것은 원장님의 열정에 중독되어서이다.

그녀의 '열정 3가지'는 필자에게 강한 전염병처럼 옮겨졌다. 그녀의 '정권지르기 벨리 필살기'에 있다. 기본에 충실한 정권지르기로 몇 가지 동작을 계속 반복하여 동작을 완전 내면화하게 만든다. 반복되는 동작은 아름다운 허리라인과 탄력적인 복근을 기르는 데 많은 기여를 한다. 기본동작에 충실하다 보니 새로운 동작도 어려움 없이 배우고 받아들이게 된다. 쉬운 동작에서 어려운 동작으로 진행되어 초보자도 자신감을 갖고 쉽게 따라할 수 있다. 원장님은 교육자로서 기본에 충실한 정권지르기를 중요하게 생각한다.

두 번째는 매일 바뀌는 '벨리댄스 음악'이 귀를 신선하게 자극한다. 원장님의 음악 선곡은 두 가지로 날씨와 관련된 음악과 수강생의 그날의 기분을 체크하여 음악을 틀어주는데, 자신의 감정과 같은 곡도 있고 반대인 경우도 있다. 이질의 원리와 동질의 원리로 자신의 내면을 들여다볼 수 있도록 해준다. 음악을 들으면서 기분이 전환되기도 하고 감동되기도 한다.

도입부, 전반부, 마무리 음악이 다르게 구성되어 있다. 도입부에서는 마음과 몸을 여는 음악을 틀어주시고, 전반부는 신나는 음악으로 몸과 마음을 열정적으로 움직이게 하고, 마무리에는 몸과 마음을 차분히 정리하게 만드는 음악을 틀어준다.

여성은 엄마가 된 후로 몸이 날렵하지 않게 된 어느 날부터, 거울과 멀어지고 있는 자신을 발견하게 된다. 필자 또한 그러하였다. 그런데 원장님의 강의에서는 신체적 자신을 있는 그대로 직면하고, 거울을 통해 자신의 몸 라인을 느끼라고 한다. 벨리댄스를 추면서 거울에 비치는 자신에 대해 있는 그대로 수용할 수 있게 되었고, 나름대로 아름다움을 발견하게 되었다. 또한 몸을 움직이다 보니 근육의 단련과 신체적 리듬을 통해 내면의 열정이 생기고 마음이 안정되는 것이었다. 또한 신체적인 자기 통제로 자신감이 생긴다.

아직도 충분히 아름다운 나 자신과의 만남을 열어준 원장님께 감사한다. 그녀로 인해 필자는 벨리댄스 예찬론자가 되었다. 지금도 여전히 필자는 '몸치'이다. 있는 그대로의 나의 몸을 사랑할 수 있게 자신감을 갖게 해준 그녀는 진정한 춤 선생님이다.

강촌 조합장님은 나무를 심는 사람

　장 지오노의 『나무를 심은 사람』이란 책을 보았다. 필자의 인생에도 나무를 심은 사람과 같은 비슷한 일을 하고 계시는 분을 알고 있다. 그분은 다름 아닌 시아버님이다. 시아버님은 남이 공로상을 주거나 남이 알아주는 것도 아닌데 작은 마을에서 눈에 띄지 않는 선행을 말없이 묵묵히 해나가고 있다. 아버님에게 봉사의 소중함과 나눔의 가치를 배우고 체험했다. 먼저 줌으로써 더 많은 것을 얻게 된다는 진리를 알게 되었다.

　시아버님은 '긍정을 심는 노인'이시다. 20여 년을 공직에 계시다가 49세에 퇴직을 하시고 작은 마을에 '농협조합장'님을 하셨다. 그 후 필자가 일하는 교회 유치원에서 운전 일을 봉사하셨다. 그곳에서 필자는 아버님의 소개로 남편을 만나 결혼하게 되었다. 아버님은 정말 거룩한 뻥쟁이시다. 아버님은 특유의 긍정마인드로 뭐든 좋게 말씀하신다. 특히 '봉사왕'이시다. 그 일로 인해 SBS <생방송 투데이>에 출연해 전국방송으로 나갈 정도였다.

아버님은 필자와 함께 운영하던 어린이집 차에 동네 할아버지, 할머니들을 오가며 태워주셨다. 가끔 술 취한 할아버지들도 계셨는데 그런 할아버지와 동승할 땐 정말 힘들었다. 할아버지들은 말씀하시고 싶어 이것저것 질문을 많이 하시고 옆에 앉아 있는 어린이집 원생들을 귀여워해주셨다. 시골 어린이집의 원생들은 도심 아이들과 달리 순박하다. 할아버지, 할머니에게 인사도 먼저하고 자리가 좁을 때는 무릎에 앉기도 했다. 어느 날은 병원에 가시는 할머니, 할아버지 다섯 분 정도를 태워다드렸는데 조금 후에 도착한 병원차가 뒤집히는 사고가 났다. 아버님이 운전하는 차를 타지 않았으면 할아버지, 할머니들이 다치는 큰 사고가 날 뻔하였다. 이 일로 병원 원장님은 아버님께 감사하며 어린이집 주치의가 되었다. 또 아버님께선 가을걷이를 하는 농부들을 보고 그냥 지나치지 않는다. 늘 막걸리 값을 주고 가신다. 시어머니와 자식들에게는 무덤덤하지만 불쌍하거나 자신보다 처지가 못한 사람을 보면 '측은지심'이 발동한다.

노인잔치, 농민체육대회 등 동네잔치가 열리면 어린이집 아이들의 웅변발표와 장기자랑을 하게 하시고 경제적으로 후원하라고 하였다. 늘 나눔과 봉사의 본을 보였던 아버님! 작은 마을이지만 아이들의 장점을 살리고 그 장점을 칭찬하는 분위기 조성을 통해 아이들에게 자신감과 자존감을 갖는 추억을 만들어주었다. 또 불우한 환경의 아이들과 잘사는 아이들을 차별하지 않고 지역방송 텔레비전에 똑같이 율동공연으로 출연하게 해주었다.

아버님과 함께 준비한 춘천시 양로원 공연에서 봉사하면서 느꼈던 감동으로 필자는 작은 봉사들을 계속 실천하고 있다. 그 영향은 아버님의 작은 나눔에서 비롯되었다. 잔정이 많으시고 70대에 아직도 꿈이 많으신 시아버님…….

2010년 1월에는 KBS <언제나 청춘>에 출연하셔서 전국적으로 며느리 자랑을 하셨다. 부족한 며느리이건만 장점에만 주목하신다. 항상 "우리 며느리가 착하고 예쁘잖아요" 한다. 아버님은 인텔리로서 젊은 시절 그 마을에서 떠날 수 있는 조건이 되었건만 떠나지 않으셨다. 늘 가난한 이웃에 봉사하는 것을 자신의 소명이라고 생각한다. 여전히 이웃집들을 도와주시고 마을일에 발 벗고 나선다. 아버님은 타고난 낙관주의자로 늘 행동파이다.

　필자는 어렸을 적 아버지가 사다 주신 『선녀와 나무꾼』을 얼마나 좋아했는지 모른다. 그 동화책을 읽고 또 읽었다. 이는 선녀가 아이 둘과 자신의 친정(?)인 하늘나라로 떠나는 이야기이다. 그 시절 너무도 예쁜 엄마가 나를 버리고 가시면 어쩌나 속앓이를 했던 유년의 기억이 있다.

　필자는 성장했고 유치원 선생님을 하며 독일의 동화 '라푼젤'을 알게 되었다. 라푼젤은 필자의 동일시 대상이 되었다. 그녀는 본능에 취약한 어머니의 잘못으로 마녀에게 넘겨져서 어린 시절 혹독하게 절제하는 훈련을 받는다. 탑에 갇혀서 마녀 외에는 가까이할 수 없는 처지가 되지만, 호기심 많은 왕자님이 라푼젤의 노랫소리에 찾아오게 된다. 왕자와 라푼젤은 사랑에 빠진다. 이 사실은 마녀에게 발각되고 라푼젤은 마녀에게서 쫓겨난다. 왕자도 마녀의 거짓말에 속아 라푼젤이 잘못됐다는 것을 믿고 창문 밖으로 몸을 던진다. 왕자는 가시나무에 눈이 찔려 눈이 먼 채 방랑한다. 라푼젤은 황량한 벌판에서 맨발로 왕자의 아이들(쌍둥이)을 키우며 굳건히 살아간다. 라푼젤은 어려움 속에서도 늘 자신과 왕자를 연결해주었던 자신의 노래를 부른다. 그 노랫소리를 들으며 자란 아이들은 외적 환경은 빈곤했지만 늘 행복했다. 오랜 시간이 흘러 떠돌던 왕자는 라푼젤의 노랫소리에 이끌려 라푼젤이 있는 곳까지 오게 된다. 라푼젤의 눈물로 왕자의 아픈 눈이 치유되어 왕자는 다시 볼 수 있게 되었다. 왕자와 라푼젤, 두 아이는 왕자의 왕국으로 돌아가서 행복하게 살았다.

인생은 문제해결 과정이다. '라푼젤' 동화에서 인생의 문제해결 실마리를 찾았다. 30여 년간 무조건적인 사랑을 주었던 친정어머니의 품을 떠나 결혼을 하게 되었다. 필자는 시어머니의 혹독한 훈련과 편애 속에서도 자신의 긍정적 본성 잃지 않았다. 그 고단했던 훈련을 미움으로 받지 않고 감사함으로 자신의 그릇을 넓히는 계기가 되었다. 필자의 본성은 인생을 기쁨과 즐거움으로 환원시키는 능력이었다. 인생의 시련 속에서도 늘 노래를 불렀던 라푼젤처럼 가정과 만나는 학생들에게 긍정의 노래를 불러주고 싶다. 라푼젤처럼……

필자에게 가장 소중한 것은 남편과 아이들이다. 필자에게 가정은 믿는 구석이다. 가정은 호랑이에게 가장 소중한 호랑이 어금니와 같은 것이다. 이 세상에 가정만큼 안식과 평화를 주는 것이 또 있을까? 개인적으로 이렇게 생각한다. 진정으로 성공한 여성은 자아를 실현한,

직업적으로 잘나가는 여성이 아니라 아름다운 내 가정을 소중하게 가꿔가는 여자라고 생각한다. 먼저 가정을 긍정으로 물들이고 충전하면 만나는 학생들에게는 당연히 웃는 얼굴과 그들의 장점과 잠재력을 자극해주는 '자성예언'적 관점으로 이끌어줄 수 있다. 앞으로도 필자는 가정을 소중히 가꿔갈 것이다. 남편과 아름다운 가정을 함께 만들어가고 아이들을 자신은 물론 타인을 위한 긍정의 셀파로 성장시키고 싶다. 긍정에너지를 가정에서 충전시킨 후 학생들과 사람들을 만났을 때 긍정에너지를 제대로 전할 수 있었다.

필자가 '시어머니의 편애'에 대한 치부를 꺼낸 이유는 내 개인적인 경험을 넘어 우리나라의 큰며느리의 경험(아픔)으로 받아주길 바라는 바람에서이다. 지금도 속으로만 끙끙 앓고 있을 큰며느리들의 대필자로서 큰며느리의 경험, 나아가서 대한민국 여자의 경험이 될 수 있으리라. 필자의 시어머니는 몇 가지 결점을 제외하고는 양식 있고, 덕망 있으며, 성품이 좋은 분이다. 필자 역시 부족한 사람이며, 내면에 사랑받고 싶어하는 마음, 변덕스러움, 어리석음을 가지고 있는 연약한 사람임을 잘 알고 있다. 다만 서로 이해하지 못해서 '고부간의 갈등' 문제가 있었다.

하지만 지내고 보면 모든 것이 추억이 되고 그리워진다. 그 시절이 있었기에 좀 더 성숙해질 수 있었다. 필자의 긍정 이야기가 아름다운 긍정의 가정을 만들고자 하는 사람들, 고난 속에 아파하는 사람들에게 작은 이야기이지만 큰 힘이 되었으면 한다.

＊ 잠언 지혜로운 여인은 그 집을 세우되 미련한 여인은 자기 손으로 그것을 허느니라.

백종순

1970년 강원도 춘천시 서면에서 출생했다. 한가로운 시골생활과 아날로그적 추억이 어린 시절을 장식했고 그 덕분에 이성보다는 감성이 발달했다. 어린 시절 근원적 체험으로 인해 작고 소중한 스토리를 좋아하게 되었고 그것을 수집해서 학생들과 나누는 것을 소명으로 여기고 있다. 교수로서, 긍정심리 강사로서 학생과 소년원 청소년들의 상처는 바로 외적인 것이 아니라 낮은 자기 가치와 낮은 자기 효능감이 원인이라는 것을 절실히 깨닫고 있다. 웃음과 긍정의 힘을 믿고 그것을 가정에서 적극 활용하고 있으며, 강의와 봉사로 긍정심리의 '지행합일'을 안과 밖에서 실천하고 있다. 7년 동안 남편 고향인 강촌에서 어린이집 원장을 지냈고, 시골에서 동화 같은 어린이집 운영이 전국에 소개되었으며(SBS <생방송 투데이>), KBS <언제나 청춘·며느리를 자랑합니다>에서 시아버님과 다정히 노래를 했으며, 시아버님이 며느리 자랑과 사랑을 전국에 알렸다.

송호대학교 유아교육과에서 2년간 겸임교수로 재직했으며, 한림성심대학교에서 시간강사를 역임했다. 그 밖에도 부모교육, 긍정심리 강사로서 많은 사람들을 만나고 있다. 저서로는 『아동발달』(공저)이 있고 논문 「자아존중감 프로그램이 자아존중감과 학교생활 만족도에 미치는 효과」가 있다.

email: rahel6870@hanmail.net

긍정으로 인생 물들이기

초 판 인 쇄 | 2012년 5월 30일
초 판 발 행 | 2012년 5월 30일

지 은 이 | 백종순
펴 낸 이 | 채종준
펴 낸 곳 | 한국학술정보(주)
주   소 | 경기도 파주시 문발동 파주출판문화정보산업단지 513-5
전   화 | 031) 908-3181(대표)
팩   스 | 031) 908-3189
홈 페 이 지 | http://ebook.kstudy.com
E - m a i l | 출판사업부 publish@kstudy.com
등   록 | 제일산-115호(2000. 6. 19)

ISBN   978-89-268-3365-0 03370 (Paper Book)
          978-89-268-3366-7 08370 (e-Book)

이담 는 한국학술정보(주)의 지식실용서 브랜드입니다.

이 책은 한국학술정보(주)와 저작자의 지적 재산으로서 무단 전재와 복제를 금합니다.
책에 대한 더 나은 생각, 끊임없는 고민, 독자를 생각하는 마음으로 보다 좋은 책을 만들어갑니다.